一亿赞

既能说，又会干

刘三叔◎主编

江苏凤凰文艺出版社
JIANGSU PHOENIX LITERATURE AND ART PUBLISHING, LTD

图书在版编目（CIP）数据

一亿赞 / 刘三叔主编. — 南京：江苏凤凰文艺出版社，2020.1

ISBN 978-7-5594-4274-1

Ⅰ. ①一… Ⅱ. ①刘… Ⅲ. ①职业选择－通俗读物
Ⅳ. ①C913.2-49

中国版本图书馆CIP数据核字(2019)第279087号

书　　名	一亿赞
主　　编	刘三叔
责任编辑	孙金荣
特约编辑	王　岚
责任校对	张婉宜
出版统筹	孙小野
封面设计	八牛·设计 34508448@QQ.com 8NEW DESIGN STUDIO
出版发行	江苏凤凰文艺出版社
出版社地址	南京市中央路165号，邮编：210009
出版社网址	http://www.jswenyi.com
印　　刷	三河市金元印装有限公司
开　　本	880毫米×1230毫米　1/32
印　　张	10
字　　数	170千字
版　　次	2020年1月第1版　2020年1月第1次印刷
标准书号	ISBN 978-7-5594-4274-1
定　　价	45.00元

目 录
Contents

PART 3 自我驱动

PART 4 角色融入

PART 5 高效执行

PART 1

职 业 规 划

开启职业生涯，先准备好自己

曾加

那些“后悔没有早点知道”的道理，常常会让人刻骨铭心。

对我而言，每写一个道理，心里都会滚过一声长久的浩叹。

但愿这些曾经牵绊住我的道理，不再牵绊正在看这篇文章的你。

一、对阶层和智力相近的人来说，在大学里的四年比大学前的十八年更重要。

我们总喜欢说，高考是人生最重要的考试之一，但我却想告诉大家，无论你考进了什么大学，都请好好珍惜大学的四年，这可能是你人生中最自由、最容易掌控的四年。在这四年中你做过的事情，可能比你的高考成绩更重要。

这是因为，对大部分人而言，在进入大学之前是没有多少选择的。每个人都朝着差不多的目标去努力，能掌控的东西太少了，我们的很多想法，都因为各种原因藏在心中。

但在大学里，你突然就可以掌控自己的命运了。

无数的选择出现在你的面前，埋藏在心中的“洪荒之力”也终于有机会去释放。

你可以选择去拼命学习，努力成为某个领域内的专家；

你可以选择去参加社团，认识很多值得结交的朋友；

你可以选择去各种单位实习，早早地感受工作的魅力；

你可以选择去各处行走，了解不同的人的生活状态；

你也可以选择去打扮自己，成为一个让别人看起来舒服的人……

但是，请不要象征性地待在教室里，心却飘出窗外；

请不要一味地遵守所谓的纪律，也不要盲从，别人做啥就跟着做；

更不要整天躺在寝室里，过着日夜颠倒的生活……

根据我的观察，很多人在进入大学的时候能力是差不多的，但经过了大学四年，差距竟大到了完全不在一个世界的程度。

作为被大牛拉开差距的人，我终于悟出了一个道理：在大学，一定要去掌控自己的生活，而不要让生活带着你走。

错过了大学时的机会，想要在工作之后追赶，难度就要大得多了。

在读大学前，你缺少的是“选择”，在工作后，你缺少的则是“时间”。

二、尽早关注父母的理财状况，并努力形成自己的理财观。

一个事实是，在我国，绝大多数五十多岁的父母，几乎没有理财能力。

这是因为，在父母一辈最年轻力壮的时候，也就是 20 世纪 90 年代前后，整个中国还很穷，富人极少，大多数人的财富观极其落后。而进入新世纪后，互联网发展很快，父母一辈的人年龄又大了，往往跟不上时代。

在一线城市，这种情况尤为明显：有些家庭在刚进入新世纪的时候经济实力是差不多的，但到了 2010 年前后，家庭资产已经天差地别。

如果你在中学和大学时代就早早地关注了父母的理财情况，你就会因为自己对互联网信息的获取能力更强，而在很多事情上做得比他们更好。

而这份“更好”，会深深地影响你对职业的选择。

三、如果你要做一件困难而长期的事，请先去关注这件事情最核心、最困难的部分。

喜欢立下宏伟目标的人很多，完成目标的人却寥寥无几。

这是因为，有太多的人习惯于从最简单的部分开始做。

从最简单的部分开始做，做着做着，你就会发现这件事情越来越难。由于很多人心里没有做好准备，之前打的鸡血也渐渐被消磨干净，最终索性“弃了坑”。

但如果你从最难的部分开始拆解（不是说要去完成，因为你可能不会），知道自己完成它需要做哪些事情，你就会对这个任务的整体难度有了一个正确的认识，你就会知道，这个任务是否真的太难。

如果发现太难，你就可以早早地放弃，避免沉没成本效应[1]。

如果发现不是特别难，那接下来也会越做越顺利，从而更容易完成任务。

---

[1] 沉没成本效应（sunk cost effects）是指为了避免损失带来的负面情绪而沉溺于过去的付出中，选择了非理性的行为方式。根据经济逻辑的法则，沉没成本与制定决策应是不相关的。

四、如非必要，不要试图与比自己格局小的人争辩；一旦争辩发生，要懂得适时停止。

我们本来就很难说服别人，如果对方的素养、经历和眼界不如自己，那么说服他更是会难上加难。

但如果争辩已经发生，且又无法说服对方，请在表明立场后适时停止争辩。

五、不要因为寂寞而降低择友的标准。

做一个有所坚持的人。要坚信，有趣的灵魂终会相遇。

但如果你因为寂寞去认识一些本不值得认识的人，未来的你必然会被这些负面“人脉”所累，他们会牵绊住你前进的脚步。

六、要尽早、主动和不同职业、不同类别的人交流。

这件事请最好从中学时代就开始做，实在不行就从进入大学开始做，工作以后，更要这么做。

从中学开始认识各种各样的人，你会早早发现自己到底喜欢什么；

从大学开始认识各种各样的人，你可能会及时发现自己在职业规划上的幼稚；

从工作开始认识各种各样的人，你至少不会在十年后后悔。

万万不可把社交圈局限在自己的院系、自己的工作岗位，那里都是与你经历相类似的人，可能永远不会让你意识到人生还有很多可能。

可以参加社团、兴趣小组，去认识其他领域优秀的人，当然也可以去认识不那么优秀的人，想想差距到底是怎么产生的，然后思考自己能不能和优秀的人做得一样好。

七、当你确信自己必须完成一件事的时候，永远不要去想我过去错过了多少，比别人慢了多少，能否赶得上 deadline（最后期限），做不好有什么后果……Just do it。

过去错过多少、比别人慢了多少、是否能赶上 deadline、做不好有什么后果等，这些都是在决定是否应该去做一件事情时需要考虑的问题。

但倘若我们明明知道自己必须去做一件事情，却还在纠结前述问题，陷入各种懊悔中，就只会让你拖延和降低你的效率。这便是毫无意义的情绪，必须要克服。

当你必须做某件事情的时候，如果你认为做得越出色越好，那就全力去做；如果你确信那只是一个需要完成的任务，那就投入适当的精力资本。

然后，让身体的每一个部位，都聚焦在事情本身。

如何弄清楚自己想要什么

李多余

首先你要在心里明确一件事——“自己想要什么”是个需要不断刷新认知、推倒重来的过程。

在这个过程中，你要不停地质问自己，根据你的阅读、思考、经历、体验、自我观察等，去修改自己最初那个可能并不成熟的想法。在这个修改的过程中，你才可以不断明确自己想要的东西。

这个感觉就像理顺一团乱七八糟的毛线一样，你要一点点去找它的源头。

这个过程需要时间，更需要实践和大量的反思、自我观察。

就我自己而言，从 18 岁到 22 岁，再到 25 岁，我的想法在不断地迭代更新。尤其是在踏入社会工作的这两年，我的人生目标越发清晰。到当下清清楚楚地知道自己想要什么、如何实现，我用了将近 7 年的时间。

不过对比我可能长达 80 年的人生来说，这 7 年的投资是很值得的。

告诉你这一点的目的是希望你不要慌张，不要在日后因为事情和自己一开始的想法不匹配而自我质疑、痛苦，甚至放弃，有偏差是很正常的，慢慢来。

OK，明确了这件事，接下来便是我称为“关键问题”的东西。

第一步，通过不断追问自己这几个问题，摸清自己想要的东西的方向。

请务必认真思考以下几个问题。

1. 你理想中的人生状态是什么样的?

这个状态是从 30 岁一直到 80 岁的想象，是包括了家庭、事业、财务、爱人、家人、朋友、宠物、生活的城市、业余时间等各个方面的全部思考。真实生活中会有什么，这个想象中就要涵盖什么内容，要尽可能详细。

这是一个非常严肃的问题，请基于你的整个人生去思考，不要现在迷恋某某明星就说你的理想人生状态是嫁给他，除非你能说出非常客观的理由并描摹出那个画面。而且需要提醒一下，嫁给某个人也不是一种“人生状态”，那只能算是一种“人生时刻”。其他同理。

补充一句，想象的时候不用特别考虑经济限制，别的部分符合客观逻辑即可。

2. 在这个想象的人生状态中，你每天在做什么？

这里的“做什么”不是指睡觉、吃饭等日常维持性事务，而是特指是那些工作的时刻，那才是在你人生有重要位置的事情。

也许可以像村上春树一样早起、写作、阅读、运动、早睡，也许可以像个高管一样将许多时间都花在交通工具和在各个会议场所之间的移动上。

认真地想象，甚至想象出那个时间表。

3. 回想一下，生活中哪些时刻让你最有成就感？别人一般会表扬你的什么？

细节越丰富越好，只要是你自己认可的“高光时刻”就好。

后一个问题的意思是，别人会因为什么而夸你？是夸你画画好还是会唱歌，抑或总是能够逗人发笑？……

P.S. 长得好看、身材好这种爹妈给的东西就别说了。

4. 什么事情是你从小到大一直自发去做的?

哪怕是断断续续的也好，没有做出什么成绩也好，只要这是一件你从小到大不时想起来就想要去做一做的事情，那就把它标记出来。

5. 什么事情是你花了最多时间去做的?

像睡觉这种抖机灵的话就别说了，想想你在哪些正经的、非维持生命类的事情上花了最多时间。

以上问题需要自行回答并且记录下来。我用过纸笔、便笺、手机应用、Word、Excel、思维导图等工具记录，最推荐的是纸笔草稿 + 思维导图（后期）。

也许你一开始没办法很清晰地回答这些问题，甚至回答不上来。没关系，把这个问题存在心里，时时思考，想到了就记下来，抽空整理。

第二步，在上面列出来的问题下面，继续追问新一轮重要问题：

1. 做这件事时你的感觉是什么？

如果能想象到每天 8 小时、10 小时甚至 15 个小时都在做的这件事带给你的都是正面的情绪，那你就已经摸到一点儿边了。

2. 为什么是这件事？

自我解答，这件事为什么会让你乐于沉浸其中。是别人羡慕的眼光吗？是完成时的成就感吗？是自我表达的畅快吗？是帮到别人让你感到实现了价值吗？这件事真正让你在意的是什么？

3. 如果这件事不赚钱，你还愿意做吗？

4. 如果这件事需要你花钱去做，你愿意为了它付出吗？

5. 如果你已经没钱了，在每日的追求温饱之余，这件事情是你依然会去想，并要为它去努力的事吗？

这五个问题，你一定要认真去想象场景，想象那些时刻的细节，真的有了相应的感觉时，再自我代入去问这些问题。

同样，答不出来，就让它们悬在那里，时时能看到想到就好。

因为这些本身也不是你花三五分钟就能回答的简单问题。

观察、记录、思考，在这个过程中你会慢慢发现自己的热情所在，可能会发现一个和你自己、家人、朋友印象中不一样的你，这是一个非常有趣的过程。

第三步，就是去思考如何用第二步实现第一步。

前两个部分的思考都比较“务虚”，这部分就非常务实甚至有点残忍了，因为它需要你去正面面对你天生的弱势（也是需要持续的观察记录才能发现的）。

但是，它也是充满希望的，因为你在做你喜欢的事情，追求你真正想要的人生。

图 1-1 是我之前在公司帮同事做内部培训的时候准备的，更偏工作方向，且因为有很多是需要讲解的内容，所以可能看上去会有点不够详细，但里面的思考路径是同样适用的，可供参考。

其实一般来说，能做到前两步就很不错了。第三步涉及实际操作，而且除了思考和提问之外，还包括自律、建立自我知识框架、学习规划、阶段性目标规划、职业规划、时间管理、技能提升等一系列内容。

其实当你想明白了就会知道，所有工具、方法，都是为了追求理想生活的终极目标而存在的。所以在想清楚自己最想做的事情之前，大多数人所谓的学习、自我提升等，都是盲目且低效率的。

这里划重点，有用，但是低效，并非完全没用。

当然了，这些也只是我的一家之言。每个人都有不一样的生存哲学，有的人就觉得糊涂是福，很多事儿不用去琢磨，就这样过一辈子也挺好。其实我也觉得挺好，真的挺好。

只不过我天生不是这样的人，过不了这样的人生。

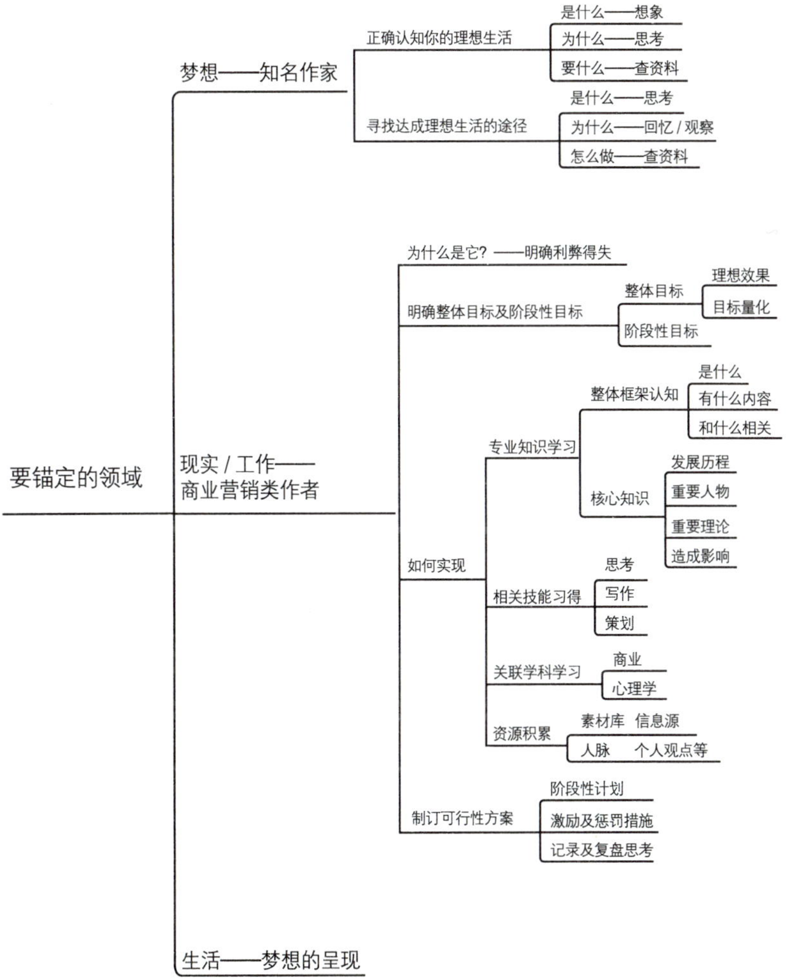
要锚定的领域
梦想——知名作家
正确认知你的理想生活
是什么——想象
为什么——思考
要什么——查资料
寻找达成理想生活的途径
是什么——思考
为什么——回忆 / 观察
怎么做——查资料
现实 / 工作——
商业营销类作者
为什么是它？——明确利弊得失
明确整体目标及阶段性目标
整体目标
理想效果
目标量化
阶段性目标
如何实现
专业知识学习
整体框架认知
是什么
有什么内容
和什么相关
核心知识
发展历程
重要人物
重要理论
造成影响
相关技能习得
思考
写作
策划
关联学科学习
商业
心理学
资源积累
素材库 信息源
人脉 个人观点等
制订可行性方案
阶段性计划
激励及惩罚措施
记录及复盘思考
生活——梦想的呈现

图 1–1

职业生涯规划：目标设远，步步拆解

空白女侠

大家在描述自己的工作经历时，总无法回避“职业生涯”这个词。作为普普通通的上班族，“职业发展”这件事会从我们踏入社会开始，一直伴随着我们直到退休。

有心理学家说过：“职业的发展直接影响了个人心理、婚姻、子女教育、父母养老等问题。”从事适合自己的职业可以让我们赚钱养家，也可以让我们实现自己的人生价值，可以说，寻找到适合自己的职业是我们一生中最重要的事情了。

然而在我们身边，有许多人对自己的职业生涯漠不关心，像无头苍蝇般随波逐流，会去向哪里只能听天由命。兜兜转转几年后，回望自己的职业生涯，只有一团乱麻，惨不忍睹。于是乎，

“35 岁失业”“中年危机”这样的字眼也无法避免地在脑海里盘旋，好像自己的各种狼狈与不堪都是因为年纪这个原因，恨不得时间总是停留在 25 岁，靠着青春来保住饭碗。

同时，在我们身边，也有着这样一群人：他们对自己的职业生涯有着长远可行的规划，努力让它沿着自己预先铺好的轨道发展。他们中既有从一线互联网公司走出的成功创业者，也有看准方向，从传统行业转型到互联网行业的达人，更有稳扎稳打，从底层走到高层的总监。

对这些人来说，既没有 35 岁失业，也没有中年危机，有的只是对自己职业生涯的牢牢把控，以及从一个目标迈向下一个目标的努力和坚持。

这两群人，他们之中可能很多人有着相似的背景：来自不分伯仲的高校，有着拿得出手的成绩单，但是他们中的大多数，却因为对自己的职业发展没有规划，在毕业后慢慢被人拉开了差距。

由此可见，详细、可行以及长远的职业生涯规划的重要性超出了大家的想象。做好每一步的规划，是职业生涯顺利发展的前提。

那么，我们该如何做好职业生涯规划呢？

一、认清自己，确认方向

每个人的性格各有不同，擅长的领域和方向也有所不同，所以在确定职业规划时，首先第一步就是认清自己的特点与长处，选择自己擅长的职业领域，在此基础上再确定自己未来的方向，并制订切实可行的计划。

以我自己为例，我天生就对数字敏感，所以在高考后，虽然按照家人的意愿考取了大学商科专业，但还是辅修了统计学并拿到了双学士学位。因此我在规划自己的职业时，便明确希望从事数据统计分析相关的行业（当时市场上还没有数据分析师这个岗位）。

数据分析师，主要是与数据打交道，如果本身对数据不敏感，或者一看到复杂庞大的数据就头疼，就说明你可能不太适合这个行业。这也是很多同学想要从事数据分析师这个行业时，我首先会强调的一点。（当然，现在数据分析已经不再是一种专职技能，而是一个职场通用技能了，建议大家都学习，它对你未来是有很大帮助的。至于要不要从事数据分析行业，还是要看你的数据敏感度。）

做自己擅长或喜欢的事情，你会从中获得幸福感和认同感，学习和工作的时候也会充满动力，事半功倍。所以在做职业规划时，首先要作出适合自己的选择，好的开端是成功的一半。

大家可以按照这个职业规划探寻模型（图 1–2）来进行思考。

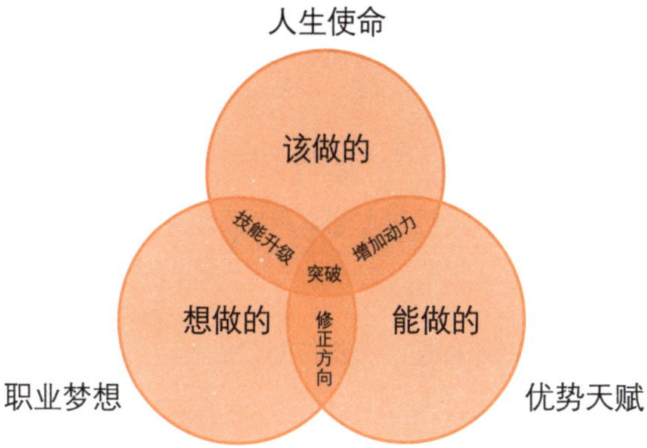

图 1–2

二、收集信息，心中有数

我的一位学姐，她对自己的职业规划很明确：进入投行，或做咨询，保底也是进入互联网行业。并且她把能去的“上限”公司及“保底”公司都整理好，预估自己最差会去哪家，如果运气极好又会去哪家。她在大二的时候就已经对各大名企的招聘渠道、招聘职位、招聘要求了然于胸。她把那些信息整理成了一个Excel表格，并且提前大半年甚至一年就开始申请这些职位的暑期实习。当时我很惊讶为什么她这么有想法，毕竟很多人上到大四才想着找实习，而且往往都是“海投”，甚至根本没有明确想法要去哪家公司。

她和我这么说："即便你很优秀，有一份傲人的成绩单，斩获了无数奖项，也不代表你能找到一份好工作，因为没有早早准备而错过好机会的学霸大有人在。一般来说，好的公司、好的职位都有很多人竞争，当你回过神想找的时候，名额早就被'瓜分'得所剩无几了。

"如果我失败不是因为能力问题，而是因为'我错过了'，那我会比因为能力不足而被刷掉更加不甘心。所以我一定要提前想好想进哪些公司，这些公司的要求是什么，我还差什么能力需要补足。"

虽然这位学姐本科毕业没有选择进入企业，而是去了 UCLA（加州大学洛杉矶分校）读硕士，但她后来还是沿用了这样的方法进入了顶级投行。后来跟她聊起，谈感受时，她觉得每周花个一小时想想未来做什么，哪些公司能要她，是一个无比正确的习惯。

下面我从校招和社招两大块，告诉大家应该怎么有针对性地进行信息的收集。

1. 校招 / 实习

总听到应届生说对自己的未来很迷茫，最根本的原因往往是"不知道"：不知道专业领域的就业情况，不知道自己学的专业能否找到一份好的对口工作，不知道自己要在哪座城市就业，不知道有哪些公司可以要自己，不知道自己选择的第一份工作是否合适……

而这些“不知道”，是可以解决的，解决的方法就是收集信息来抹去这个信息差。这个过程大致可以分为两步：

第一步，把市面上跟你预想的未来职业发展相关的企业搜索出来。

但是中国有那么多企业，如何搜索呢？

- 参考你学长学姐进入的公司；
- 了解与你专业相关的 Top10 或 Top20 企业；
- 列出你想进的公司（比如你学的是市场营销，但是却想进入谷歌），想出 20 个左右。

表 1-1 是一个明年即将毕业的统计系专业的小伙伴所列的清单，特殊颜色字代表目前该公司有专门的企业招聘微信公众号。

有了这样一个清单，他就清楚投递的方向有哪些公司、大概有多少选择。先不要考虑这些公司会不会要你，你先看看人家的具体要求。很多时候我们无法进入心仪的公司，真的只是因为存在信息差。

表 1-1

互联网	招聘渠道	金融	咨询	传统
谷歌	官网	微软	麦肯锡	联想
亚马逊	官网	JPM（摩根大通）	波士顿	华为
爱彼迎	官网	RBS（苏格兰皇家银行）	贝恩	宝洁
微软	官网	花旗	埃森哲	
IBM	官网、IBM招聘	彭博	德勤	
易趣	官网	高盛	普华永道	
苹果	官网	汇丰	安永	
腾讯	腾讯招聘		毕马威	
网易	官网、网易招聘			
美团	美团点评招聘			
微信	官网、腾讯微信招聘			
蚂蚁金服	蚂蚁小招			
今日头条	字节跳动招聘			
拼多多	拼多多招聘			
滴滴	滴滴出行校园招聘			

我的一位朋友，苏州大学毕业，进入谷歌上海分部做客户经理。大家都很羡慕她，问她怎么进的，是不是很难进。

她的回答很简单：看谷歌官网发布的招聘信息，投简历、面试进的。

很多时候大家都有点自卑，觉得这种公司高高在上，不敢想象自己能进去，甚至连去看一眼官网招聘信息的勇气都没有。实际上就花几分钟浏览下，真不需要那么恐惧。

这时候小伙伴会说，我只是很普通的二本学校毕业，清单上的什么谷歌、麦肯锡对我来说是天方夜谭了。

我想鼓励下学校背景并不是那么强的小伙伴，进入一些顶级公司可能有困难，但是不妨碍你们找到一份合适的工作呀。我在前面写了，参看你的学长学姐进入的公司，参看你专业相关的Top10 公司，参看你觉得你努一把力就可以进的公司。

比如，有个小伙伴是武汉某普通高校化学专业出身，但是她后来成功进入了国内某 Top5 互联网公司做数据分析师。她说她同事有很多都是 985、211 的科班硕士，但学历并没有妨碍她和名校生一起工作。

学历确实是敲门砖，但是工作更多地是看你的综合能力。你学历不突出，但是业务能力或技术能力很强，那么国内的一线互联网公司都是有希望进入的。

P.S. 只要岗位要求上没有注明条件须为 985、211 院校毕业生，你基本上就都可以试试看。

第二步，关注招聘期。

你未来想去的企业大致选好 20 ~ 30 家，就可以开始列一个表：他们的校招期是什么时候，是否有暑期实习生，是否有符合你专业或者兴趣的职位。

招聘网站、企业官网、企业招聘的微信公众号都可以搜索到这些信息，特别是校招时间点。值得注意的是，微信公众号几乎已经成为各大企业的第一时间发布渠道。比如今日头条的招聘微信公众号“字节跳动招聘”，里面就包含了社招和校招的信息。

一般来说，企业都会发布实习或者校招的招聘流程，请把这些关键信息记录到表格中，特别是时间、要求、城市。好记性不如烂笔头，要做到心中有数。

这些事情一定要早早做好准备，因为你不早准备，好的职位就被人抢占了，即使你是名校出身，技术能力很强，学习成绩很好，那又如何呢？你终究是错过了那个契机。

2. 社会招聘

在关注毕业生的同时，我也辅导过很多有多年工作经历的小伙伴，他们离职大多是由于以下两点原因：

其一，觉得自己不适合现在的工作，想要转型；

其二，想寻求更好的薪资及职位。

（工作不开心、薪资太少、工作发展受限等统统包含在这两点中。）

在这里我要和大家重点强调，就算你近 3 年没有任何想要跳槽的想法，你也需要每 3 个月主动关注行业市场，看看与你相关的职位、薪资水平，还有整体发展状况。每半年你都需要去面试几家公司，来思考你自己在市场中的实际价值以及你的能力是否能适应现在的就业市场。

之前的甲骨文裁员闹得沸沸扬扬，有人早早就“跳坑”，找到新东家，并且薪资还增长了不少，而有人离职后找了许久都找不到工作。其中很大一部分原因是有的员工只会安安静静地做着分内的工作，以为现在的工作如果舒服就可以一直做到退休，不知道其他公司相同的岗位需要哪些技能，自己有没有在某些方面跟不上时代的变化了。

有些人未雨绸缪，所以顺利渡过中年危机。

有些人临渴掘井，被通知裁员了只能措手不及。

这就是差距。

有一个小伙伴很焦急地来找我，说她投了500份简历，没有收到一个面试通知。

我不用想都知道她是海投。如果她是以这样的态度对待求职，上天会回报她一份好工作吗？很显然不会。

我把一份表格转给了她，让她找出自己想进的公司和相关职位的JD（job description，职位描述，以下简称JD），整理大概20家。把这20家公司的信息整理成表格，然后对这些任职要求进行剖析，看自己有哪些不足，如果能在短期内弥补的就尽量补足。比如JD要求你要精通SQL，那你就去刷一刷这段时间数据社区的SQL题，大概两周就能熟练掌握了。

针对每一个JD设计对应简历，因为招聘部门往往十分看重简历与JD的匹配性。

下面是网易的数据分析师JD（图1-3）。

职位描述

1. 你需要针对各大产品进行数据统计、报表维护与监测，保证数据的业务针对性、逻辑性、准确性及可读性；

2. 你需要结合业务目标梳理 KPI 监测体系，进行重大产品数据监测与分析，为产品及运营优化提供建议；

3. 你需要主动发现和识别业务问题，规划分析思路，进行深入数据分析，为业务问题原因排查及解决方案提供数据支撑；

4. 你需要在深入理解业务基础上，结合业务目标，构建分析模型，为产品数据化运营提供系统化的解决方案。

岗位需求

我们希望你：

1. 学的是统计学、数学、计算机信息类、数据挖掘等相关专业，本科及以上学历；

2. 有着“安迪”一般的人设，对数据敏感，具有缜密的逻辑思维能力、优秀的书面总结能力及口头表达能力；

3. 活好技术强，熟练使用 Excel、PPT、数据分析软件 R/Python/SQL，有较好的文字、数据、图表呈现能力；

4. 就是爱数据分析，谁说都不听，抗压能力强，还特别细心，蛛丝马迹也不放过。

图 1–3

根据这份 JD，你的简历需要体现出：

（1）你与数据分析相关的过往经历；

（2）你的逻辑思维能力；

（3）你的汇报及文字总结能力；

（4）对 SQL/Python/Excel 等工具的掌握程度；

（5）使用 PPT 撰写报告的能力。

一份好的简历不是内容越多越好，而是与投递岗位的 JD 越匹配越好。

筛选简历的HR，往往并不太懂你会不会SQL，会不会数据分析，他只能根据JD上的几项内容，看你的简历匹配比例是否能达到80%。

三、目标设远，步步拆解

在一家公司里，职级越高的人，制订的计划越长远。一线员工在做计划时基本上会做月度计划，而总监级别的会需要做年度计划，到了首席××官级别的则会做3～5年的计划。

那些能把计划做得长远的人，往往就是公司中最核心、最重要的人。毕竟能提前计划好未来并做好应对各种情况的准备的人是很稀缺的。

这步对普通人真的很难，就连我也不行。（身为一家公司合伙人的我，也特别害怕被问到这个问题。每每开始思考，就会产生抓心挠肝之感，到了最后总是“选择性遗忘”，因为这一思考过程太痛苦了。）

作为公司高层，在制订计划的时候不仅仅要考虑管理、业务、人力，还要顾及市场、落地、客户等方面，需要多维度通盘筹划。

个人相比公司而言就好控制多了，你只要负责给自己做计划，接下来完成自我管理、执行、复盘就可以了。所以为了我们的长远发展，我们需要好好给自己做一份计划。

这个计划的目标最好设到3到5年后。（是不是一想就难受了，我懂！别急！）

下表是我采访了一位知乎用户后制作的。这是一份非常通俗易懂的计划，简单粗暴，可行性相对比较强，给大家做一个参考。

表 1–2

时间	目标	准备	每年存款	系数（只是例子）
一年后	我要进入一线互联网做数据挖掘/数据建模工程师，年薪大概12万～15万	找工作（必须是一线公司）	5万	×3
三年后	做到高级职称，达到年薪30万	深耕技术能力、汇报能力	20万	×2
五年后	我要当上数据科学家/部门负责人，年薪（包含股票）达到50万～60万	训练技能：领导力、沟通能力、团队建设能力	40万	×2
七年后	我要在上海有一套70～80m^2的两室一厅的房子，需要200万首付（这个计划视家人支持情况、存款数额、婚否而定，可适当提前或延后）	家人支持+伴侣支持+借款+存款=首付200万	合计135万	

这里面的数字大家不用太过介意，应重点关注计划的框架。

大家可以试着在自己的电脑上输入这样一个框架，目标可以往大了设，就算最后没有完全达到预期，只要能达到预期的70% ~ 80%，那也很 OK 了。

这时候你就会问了，这样一个简单的内容，谁都会写，但写出来有什么用，还不是计划赶不上变化？其实很多人根本不知道今年要存多少钱，甚至每个月要花费多少都不了解。这只是一个大的方向，你最好还要能把目标设定时间从“年”拆解到“月”，再拆解到“周”。

这份计划对你的心理暗示作用也是不可忽视的，你如果设想好未来要做什么，要存多少钱，什么时间买房，只要制订了一份切实可行的计划并付诸行动，目标基本上都会在一个合理的区间范围内完成。在做计划时，非常重要的一点，就是一定要把职业规划和收入挂钩，检验一份职业规划虚不虚，收入是最好的一把尺子。即使当下你的薪资一个月只有 5000 块，你也要规划好，你的收入大概会在哪几个阶段有变化。

设立目标，很大程度是暗示自己时刻在正确的道路前进。

至于最后结果与目标是否达成 100% 的一致，其实并不是那么重要，重要的是你为了达成这一目标付出努力的过程。好比一家公司给销售部门定下了极高的 KPI（Key Performance Indicator,

关键绩效指标），销售总监觉得不可能完成，但拼一把也能完成 80%，再努力一下，甚至真的能完成 100%。如果不设目标，就缺少了那股拼劲儿，也就不会考虑如何去做目标拆解。

四、盘点能力，补足短板

一个人若想职业生涯顺利，就不能在自己工作的领域有明显的短板。体现在职业规划上，就是需要明确自己当前的技能相对这个领域还有哪些不足，然后罗列这些不足点，一项一项地克服。你在这个领域的盲点和短板越少，在未来发展中面对竞争对手的优势就越大。

比如我作为一个数据部门的负责人，长处是对数据很敏感而且很有想法，但我发现自己写汇报 PPT 以及演讲的能力还非常不足，这势必会制约我将数据分析结论落地。于是，我在工作之余，自学了如何撰写出既精练又吸引人的 PPT，以及如何成为一个好的演讲者，每天持之以恒地练习。最终，当我能够自如地编写项目总结 PPT，并游刃有余地向高层领导汇报的时候，我就从一众工程师中脱颖而出了。

在此我给大家准备了这张表格（表 1–3），大家可以试着评估下自己目前的“软能力”。

表 1–3

能力类型	弱点	未达标准	有能力	良好	优势
沟通能力	1	2	3	4	5
执行能力	1	2	3	4	5
情绪管理	1	2	3	4	5
谈判能力	1	2	3	4	5
时间管理	1	2	3	4	5
分解能力	1	2	3	4	5
汇报能力（面向老板、客户）	1	2	3	4	5
演讲能力（面向大众）	1	2	3	4	5
协作能力	1	2	3	4	5
组织能力	1	2	3	4	5
快速学习能力	1	2	3	4	5
PPT撰写（如搭建框架、画图）	1	2	3	4	5
文字总结能力（如发邮件、撰写各种报告）	1	2	3	4	5
聆听技巧	1	2	3	4	5
同事关系	1	2	3	4	5
与上司之间的关系	1	2	3	4	5

把你认为的短板，再次进行分类：

表 1–4

	易于培养	可以培养	难以培养
易于评估并得到反馈	执行能力	协作能力 PPT撰写	时间管理 汇报能力 快速学习能力
可以评估并得到反馈	文字总结能力	沟通能力 分解能力 聆听能力	情绪管理 演讲能力
难以评估并得到反馈	同事关系	组织能力 与上司之间的关系	谈判能力

我们总说机会是留给有准备的人的。这不是一句鸡汤，而是无数前人总结出的人生信条。对认真分析自身不足并一步步踏实补足短板的人而言，收获不错的结果只会是时间上的问题。

五、学会展望，调整方向

前面我写到要把目标设得远一点，但在具体的某个时刻，人的眼光是有局限性的。随着见识的拓宽、能力的提升，我们总能看到更远的未来。这个时候，就需要及时微调自己设置的职业规划，让自己不会被时代和大趋势抛弃。

我在刚刚毕业时，从来没有想过有一天自己会做咨询顾问。然而，随着工作的不断深入，我渐渐发现咨询顾问这个职业能够帮助自己获得更加广阔的发展空间，于是及时调整自己的职业规划，而没有被数据专家这个头衔束缚住。要知道，为了获得咨询顾问这个职位，我在工作之余苦练了英文并学习了咨询的方法论，最终把握机会争取到了当前的工作，让自己走上一个全新的、更广阔的平台。

改变总是艰难的，但作出改变是必须的。每当我们向前迈出一步，就会发现以前没有注意到的风景，就会意识到以前没有考虑到的问题，这个时候对职业规划的调整就成为必须。这个过程是艰难的，但凤凰只有不断涅槃重生，才能蜕变得更强大，才能长出更鲜艳丰满的羽翼，才能获得永生。我们也一样，只有不断发现自身的问题，并且不断调整自己，才能顺应职场的需求，及时作出正确的选择，做到不被淘汰。

我想成为数据科学家，这一条路不管多苦多累，就想“一条路走到黑”。

2016 年 6 月 24 日

我会永远记得自己在朋友圈发的这条状态。自从我给自己设定了这个目标，在那一年里，无论是面对技术层面还是业务层面的难关，我都一直保持着“满血冲刺”的状态。

如愿以偿之后，我也没有因此而懈怠，而是继续给自己设定了下一个目标——成为一名咨询顾问。当我成功转型成为一名咨询顾问后，我又给自己设定了新的目标——重返校园。此刻我在伦敦的学习生涯已经开始。

在工作不如意时满腹牢骚，而不反思自己在之前为何没有防患未然，没有提前准备好切实可行的长远规划以及面对各种情况的应对方法，那么你只会在当前的岗位上裹足不前，难有大的发展，甚或遭遇职业危机。当职业生涯出现危机时，牢骚并不能解决问题，反而是浪费宝贵的时间和机会。

希望我们每个人都要珍惜自己的时间，充实自己，让职场生活尽量过得精彩一点，毕竟我们只能活一次。

寻找适合你的行业+岗位

大Q小陈

我今年29岁，毕业7年，前6年一直在传统的石油行业，今年正在努力转行到互联网行业。之前没有好好做过职业规划，导致自己在错误的道路上走了近7年。

前段时间，一位朋友想转行，找我咨询。

我问他："你觉得你无法展开行动的原因是什么？"

他说："最重要的原因是不知道自己喜欢什么，适合什么，能做什么。"

这位朋友的问题其实十分典型——

"不知道自己想做什么，适合什么，能做什么。"

这让我深深感到，道理讲得再好听，也不能解决实际的问题，必须明确告诉这些朋友，到底具体要怎么操作才能找到自己的方向！

这篇文章，就是努力来解决这个根本的问题的。

本质上，职业规划，是想有更好的发展，那么就要选适合自己的、有发展的行业和发展空间大的岗位。

我们可以从以下方面着手。

一、搜集信息

找到市场上“行业 + 岗位”的可选组合，用排除法排除其中一些不理想的组合，再去测试剩余组合自己是否适合。

1. 搜集行业信息

我们大体上可以把行业分为基础型行业、专业服务型行业、新兴行业三类。

① 基础型行业

例如：能源 / 通信 / 基建 / 房地产开发等。

这类行业以大型国有企业为市场主要参与者，也有少许发展不错的私企。

这一行业受国家政策影响比较大，并且由于存在一定的政策壁垒，市场参与者相对较少。

国企由于存在政策壁垒和政策倾斜，并不是完全公平地参与市场竞争，所以相对来说，在里面工作，你离市场就远一些。比如通信行业，就移动、联通、电信三家运营商在竞争，没有民营企业参与，市场化程度不高；再比如石油行业，真正的玩家也是几家大型央企，近几年产业链下游政策放开，民营企业逐渐发展起来，国企的下游市场就受到了严重冲击。

市场是最真实和残酷的，离市场越远，竞争力当然越弱。

基础型支柱行业离终端消费者比较远，对市场变化的反应滞后。消费者不断变化的需求，很难传导或者说很晚才能传导到这些行业，所以这类行业变化相对缓慢，稳定的同时缺乏新意。

选择基础型行业，一般来讲会有一个比较稳定的发展，缺点是职业天花板很快会出现，特别是国有企业，除非你能力特别出众，否则工作三五年天花板就会出现。

所以，想要选择基础型支柱行业的时候，不如分析一下，这个行业处于发展周期的什么位置，是向上期、成熟期还是衰落期？你是否能忍受很快就触碰到天花板？

② 专业服务型行业

这类行业，其实职业路径本身就规划得很清晰。

比如律师、咨询、基金、医生等行业，本身专业性较强，提供专业的精细化服务。

这类行业垂直性强，一般情况下做得时间越久，个人价值就会越高。

这类行业一般是往“专”“精”方向发展，通过能力和经验的积累来获得职业发展，成为领域专家。

③ 新兴行业

新兴行业一般是由于市场需求推动产生的行业，比如电商、外卖……

市场需求一直在变化，所以这类行业也在快速变化和发展，不断更新迭代。新事物、新模式不断被催生，所以身在其中需要个人不断学习和更新，才能跟得上行业的发展和演变。

在这样的行业，个人发展空间大，个人能力会进步非常快，与之相应，个人市场价值当然也会提高。

这样的行业更适合对个人成长需求比较高、对前沿领域新鲜事物充满兴趣、想要充分发挥主观能动性的小伙伴。

2. 了解岗位的分类

一般来说，一个企业的业务就像一条蛇。

蛇头负责“吃进”，即负责获取业务和用户，这是公司业务的核心。

产品经理、市场、销售、互联网运营，都是蛇头的位置，直接面对市场第一线，属于业务型岗位。这一类职位工资相对较高，职责范围较宽，是业务发展的引擎、核心。

这类职位需要善于思考、主动尝试、喜欢创新的人，可以充分发挥主观能动性。很多创业者都是从这部分人才群体中脱颖而出。

蛇身负责“转化”，把蛇头吃进来的业务消化吸收，为用户提供服务。

传统行业的运营、售后、客服都是蛇身，属于服务型人才，他们是业务发展的保障。

认真细致、有责任心的人都很适合这类岗位，但它的天花板比较低，某种程度上不利于个人发展。

蛇尾巴负责“支持”。

财务、人事、法务等，是业务发展的后勤保障。这类岗位垂直性、专业性强，路径清晰。

这类岗位的人才具有普适性，各行各业都需要。如果能够在岗位上精进发展，可以朝着领域专家的方向迈进。

二、筛选“行业 + 岗位”

现在，我们已经知道了市场上“行业 + 岗位”的几乎所有可选组合，接下来，我们按以下三个标准进行排除，从而筛选出有发展、需求好的组合。

1. 行业存在大量市场需求

随着社会发展，分工精细化 + 智能化是一个大趋势，所以这两个领域的相关人才需求一定越来越多。

所以在选择行业时，尽量选择专业服务型行业和新兴行业。

专业服务型行业，如理财、在线教育、咨询、法律这些行业，随着社会分工精细化，岗位需求一定会继续增长。

新兴行业，随着社会向智能化方向发展，未来必将催生出很多新的用户需求，进而催生更多的人才需求。

市场缺乏相应的人才，人才供不应求，企业才会开出高薪。为什么同样是清华毕业，学计算机进互联网公司可以拿到 30 万年薪，学机械去 ×× 重工就只能拿 6000 块的月薪？市场需求使然！

2. 岗位有足够的成长空间

一个职业，必须有足够的成长空间，可以让你成长为一个难以替代的人才。

2016 年，滴滴与 Uber 竞争激烈，专车司机补贴高，轻轻松松月入一两万。现在司机们“哀鸿遍野”,不仅是因为补贴降低了，更是因为当个专车司机太容易，太多人来抢活。

所以，要选择天花板高的职业，否则难以建立竞争壁垒，容易很快遇到瓶颈。

3. 岗位是长青需求

长青需求，意味着你在工作中积累的经验技能长期被这个社会需要，就算行业变迁，也不受影响。

随着智能社会的发展，程序化的工作已经或正在被机器替代，比如：银行柜台人员、电商客服、流水线工人、高速收费站收费人员……

所以，一定要选择非“螺丝钉”型的工作，比如市场营销、产品研发、设计等。

根据以上三个标准，你基本可以筛选出有发展、需求多的“行业 + 岗位”组合了。

比如：在线旅游行业 + 市场营销；基金行业 + 基金经理；电子商务 + 产品运营。

三、进一步测试，确定职业定位

针对筛选出的“行业 + 岗位”组合，测试自己能否胜任，评估自己的性格、能力是否适合所选出的目标岗位。

看到这些你可能有些头疼，因为你根本不知道怎么入手。

很简单，如果你是未毕业的大学生，那就抓紧时间去找实习机会！一次实践胜过一百次“脑补”，请务必通过实习来测试自己是否适合、喜欢、胜任目标岗位。

如果你是在职人士，去找一个靠谱的专家或者行业前辈咨询，不要自顾自地在网上搜索网友经验，第一手资料永远比道听途说要可靠。要了解一个陌生的领域，最高效的办法难道不是找个专家给你讲讲吗？一个职业有没有前景、需要哪些能力、适合什么性格的人，专家不比你更清楚？

闭门造车三个月，不如行家一堂课。

此外，找一本岗位相关的靠谱专业书阅读，看自己是否读得进去，是否觉得有趣，读完能否建立知识框架，这是初步了解自己是否适合该岗位工作的简单方法。

最后，做职业测评是最直接的方式，根据自己的职业图谱看自己是否适合该岗位。不过这个只能做个参考，不要因为职业图谱的导向去抹杀自己的热情和可能性。

总结一下我的职业定位三步法：

第一，搜集信息：了解市场上“行业 + 岗位”的可选组合；
第二，排除不适合的组合：用排除法筛选出备选组合；
第三，测试匹配度：咨询专家 + 阅读专业书籍 + 职业测试。

希望朋友们都能找到理想的职业，快速成长！

试试看，一周之内摸清一个行业

程毅南

我曾做过 3 年投资咨询，平均每个月一个项目，所做的事情就是（尝试）深入了解各种行业和公司，为投资决策提供分析、支持和建议。所以了解一个行业的方法论对我来说既是基本功，也是在面对不同行业后不断深化的一项技能。在这里我将它们整理出来，看看是否对你有帮助。

一周内不可能完全了解一个行业，这个观点我认可。一周内可以大致了解一个行业，这个观点我也认可。只是我不认为必须从事某个行业才能了解这个行业，我会在后面细述原因。

有人将一周内可以大致了解的内容总结为以下几个方面：

- 这个行业的盈利模式是什么？
- 这个行业的老大是谁？
- 这个行业的上游供应链、下游消费者是谁？
- 这个行业的产能如何？其在整体经济结构中的地位如何？
- 这个行业的法律监管情况如何？

一般在一个投资/咨询机构，你会跟同事组成团队工作，而不是一个人闷头干，所以快的话大概花两三天就差不多能明白上面的内容。接下来，再花几天可以进一步弄清的问题包括：行业的竞争关系，几大竞争者各自的优势，近几年来此消彼长的关系，与国外同行业竞争者的差异。

在高效率的情况下，一周做到上述几点，就大概能了解一个行业 5% ~ 10% 的知识，少得可怜，基本上只是一些宏观的东西，很粗浅。

一般一个咨询项目用时 3 ~ 4 周，那么接下来 2 ~ 3 周，根据客户要求，可能会具体研究某一个公司，研究这个公司这几年来都有什么动作，给它造成了什么影响，市场地位发生了什么变化，公司现在的战略是什么，未来的方向和目标是什么。

如果有信息渠道可以走得再细点，可以把行业和公司的利润率拆解一下。比如公司的典型商品或服务的成本构成和利润空间，看看公司成本变化受什么影响，未来收入增长方向对利润率的影响等，一系列分析下来，把公司层面上的收入和利润变化搞清楚，就可以做一个对收入和利润的预测模型了，进而可以形成一个估值。这大概就是一个买方基本面分析师的工作了。

这样做下来，能了解一个行业的多少呢？

20% ~ 30%。

你了解了行业中一个具体的公司的收入和利润结构，如果足够勤奋，你大概也会了解到竞争对手与它的差别，因此你可能会对这个行业在宏观层面上，因为几家公司的产品差异和战略差异，而造成的市场细分、聚合或此消彼长的动态机制有了更深刻的理解。但这份了解依然不会超过 30%。

接下来想了解更多怎么办？直接去从事这个行业吗？不去从事可不可以？当然可以。**对咨询顾问和基本面分析师们而言，要做的就是长期跟踪，从动态中提炼细节。**

我以一个大家都接触过的行业为例——快餐。

如何做行业跟踪呢？

一、微观层面

对快餐行业而言，有意义的最小单位是一个单店（比如北京阜成门麦当劳店）或一个单品（麦辣鸡腿堡）。

看店看什么呢？看这个店的销量/客流量/利润率是否随着市场的变化而变化，以及如何变化。比如，麦当劳推出了小黄人玩具，阜成门店的客流是否发生显著变化，客单价是否发生显著变化，整体销售额是否发生显著变化等。

因为快餐行业季度性比较强，所以变化要以同比来看，也就是相比去年，客流增长了多少，客单价增长了多少，销售额增长了多少。如果下个月肯德基紧接着推出了变形金刚玩具，麦当劳又如何变化？如果下下个月边上开了一家“味千拉面”，客流又如何变化？如果店门口开始修路了，会带来什么影响呢？宏观经济人力成本上涨带来了运营上的哪些变化？员工减少了吗？服务质量下降了吗？服务对麦当劳的商业模式重要吗？

当你追踪足够多的店，并且追踪时间足够长之后，你会发现一些单店运营的规律，以及影响经营的微观因素。对快餐店来说，每个店都避不开的东西是客流、促销、竞争、效率。关注并分析它们的变化，你会发现，一个最底层的销售单位，到底受什么影响，影响幅度有多大。而这些加总起来，将直接影响最终的企业和市场层面。

单品同理，不赘述。

二、区域层面

在汇总一些单店的情况后，或直接从更宏观的角度来看，我们会开始思考另外一些问题。

比如说，很多麦当劳开在中心商业区附近，那么城市周边地区兴起的商业地产，会不会稀释中心商业区的客流？又会对麦当劳造成什么影响？

这个城市迅速兴起了一些新的快餐品牌，是否会对麦当劳造成影响？

城市社会事件呢？

旅游城市的旅游季节 VS 非旅游城市的旅游季节？

商圈店 VS 社区店 VS 交通枢纽店？

今年夏天本市雨水特别多，抑或雾霾多？

当以一个区域或某一个类型的销售单元为单位时，你会发现更多的动态因素，而这些因素，在你看单店的时候，是无法总结和提炼出来的，必须站到一定高度才能看清。而达到一定高度后，你将看到更多影响基本面的细节。集群和区域的变化所造成的影响，不通过长期、跨品牌、跨行业的比较，是看不出来的。

三、市场层面

这里更多的是指快餐品牌之间的竞争战略，快餐行业整体和其他行业的相互作用，宏观经济结构的影响，等等。

比如，从品牌的竞争战略来看，肯德基素来以产品多样、本土化做得好著称，麦当劳则稍逊一筹。如果你只做一次项目，得到的就只是一个时间点上，或者过去的一段时间内，双方的对比。而如果你长期做项目，看到的就会是，肯德基在产品开发上的优势在如何变化，麦当劳的应对措施，哪款产品起效了，哪款产品失败了，其原因是什么。是产品没有讨好消费者，还是风头被盖过了，还是营销策略不对？企业的新战略是否起效果？通过这些竞争，能否看出来中国消费者到底喜欢吃什么样的快餐？通过研究宏观战略的差异，以及这种差异带来的结果，可以发现行业的宏观 KSF（key success factors，关键成功因素）是什么，而且可以对短期和长期影响进行一分为二的观察。

至于行业之间的互相作用，比如说，电商行业的发展是否使得人们更少地出门买东西？更少地出门是否意味着快餐行业的客流量下降？ O2O 行业、外卖行业的发展将怎样影响快餐行业的收入和成本结构？

再比如社会、经济、文化的变化，如短期的食品安全事件、反日反美情绪的高涨等，它们对一个品牌的影响有多大？有多持久？企业以何种方式渡过危机？能否渡过危机？长期的结构性的变化，比如消费者的收入结构是否发生了变化？消费者的认知和选择是否发生了变化？消费升级或降级将怎样影响快餐行业？

你观察一个行业比较久了，每个月都去市场中考察各种细节各种影响，从微观到区域，再到市场（宏观），自下而上再自上而下地全面审视一番，你就会发现长期追踪给你带来的价值。

比如，2013 年肯德基遭受多重打击——先后经历速成鸡、禽流感、冰块门等事件。这些事件，其实都是短期因素，但从 2013 年百胜餐饮集团每个月公布的同店销售数据来看，生意恢复得很慢，下半年基本没有发生重大事件，还有比较给力的促销活动，可利润就是涨不回去。再看麦当劳，负面事件虽然没有肯德基多，但市场表现依然疲软。吉野家也是如此。可味千拉面却能在经历反日情绪高涨和“骨汤门”双重负面事件之后发生业绩回弹……

所以，到底是事件的短暂影响，还是因为事件打击了品牌形象，还是因为快餐行业的整体萎靡，还是因为运营思路问题，还是因为中式餐饮崛起分流，还是因为商业地产分流，还是因为……最终，驱动一个行业发展、决定一个企业成败、令市场上发生万千变化的元素和逻辑，到底是什么？在不断地尝试回答这个问题时，你对行业的了解渐渐地上升到了 50%、60%，甚至

70%，可能在很多方面超过了很多同业资深管理者。

为什么你有可能超过他们？首先，当局者迷。行业内的人的判断，很多时候带着对 KPI 达成的乐观，带着对企业的感情，带着对同行或同事的偏见；其次，作为一个投资人或咨询分析师，你不会单单接触一个行业。在漫长的职业生涯中，你会看到很多行业和公司，会看到更多差异，也会总结出更多更本质的跨行业共性。如果你愿意思考，你会看到社会结构中的一些很本质的东西，这是只在某一个行业中深耕的人难以触及的。

当然，这也很难。

但是，无论内行还是外行，没有人能 100% 了解一个行业。外行始终不会运营，不会做产品研发，不会做营销，而内行则没有资源去“看看外面的世界”。其实，在这个世界，没有人能完全了解一个行业。我们大多数人，也只是一知半解。

而这一知半解，也得靠经年累月的积累啊。

我到底该不该跳槽？

空白女侠

上一代的人常说，现在的时代对职场人士而言是最好的时代。因为每一个职场人士都有自由选择工作的权利，而在大约20年前，每个人的工作还是靠分配的。

但选择多了也有选择多的烦恼。一个人的职业生涯只有30年左右，其中每一步的选择都对后续的发展有非常大的影响。那么当自己想要换工作的时候，该如何做出正确的决策呢？这里我给大家一些建议，希望能够有所帮助。

一、“五必换”

1. 非常不喜欢或不适合正在从事的行业

常言道：“男怕入错行，女怕嫁错郎。”职场人士若想获得长久的职业发展，首要的是选择一个自己喜欢和适合的行业。选对了职业生涯就可事半功倍，反之亦然。

我的一个大学同学，毕业之后经不住家里的劝说，回了老家的一家银行上班。这个人本身性格内向木讷，是那种典型的“不会来事”的人，但他的专业知识非常扎实，为人也踏实诚恳。可是在他所在的省级银行中，他却每天上班如坐牢，同事把活都丢给他做，而功劳却没他什么事，还不被领导待见。我几次劝说他离开银行出来闯闯，他都因为顾忌家里的意见迟迟没有行动。现在几年过去了，如今即使他想出来闯荡，也很难有太好的选择了。

而另一位之前在银行工作的同学，她发现从事的工作不是自己喜欢的之后，立刻做出改变。通过自己的努力，她现在已经离开银行，入职了一家互联网公司从事数据运营工作。和她聊天时，我从文字间都能感受到她的兴奋，像是一种重生之后的喜悦。

所以如果你发现从事的行业并非自己喜欢和适合的，别犹豫，转行要趁早。

2. 老板不靠谱

一个公司老板的眼界决定了公司可以发展的高度。所以如果发现你的老板非常不靠谱，那么别犹豫，赶紧撤。跟着一个不靠谱的老板只会浪费你宝贵的时间，而不会有任何的成长。那么该如何判断老板是否靠谱呢？

其一，看看老板是不是你想变成的人。如果你觉得自己未来希望变成和老板一样的人，那么别犹豫，继续跟着他干吧，这是难得的机会。如果感觉自己以后并不想变成和他一样的人，那么就要慎重考虑。

其二，看看周边的“牛人”同事多不多。“牛人”能看得上的人往往也都是有本事的，所以如果老板身边能够会聚一群牛人，那么这个老板肯定不会差到哪里去。

其三，看看公司的发展。当然，这只能作为辅助的判断点，毕竟站在风口上猪也能飞起来，而行业龙头也有落魄之时。

如果以上三点都不如愿，那么也别犹豫，抓紧时间止损。

3. 个人没有发展空间

我们工作除了为获得一份收入，也是为了个人的成长。后者在一个人的职业生涯早期尤为重要。但是公司招聘一个员工，除非将其视为重点培养对象，否则大概率还是把他当作一个“螺丝钉”来使用。

如果你在工作中发现了经常性重复劳动这样的情况，就需要警惕了。太过安逸的工作会磨灭你的意志，也会阻碍你职业的发展。所以如果公司能给你更多的挑战，那么可以考虑留下来，否则请慎重选择。

4. 公司末路，果断决策

每一家公司都有其生命周期，一般而言如果公司很明显已经不行了，那么这个时候一定要提前行动，不要犹豫。从几年前的易到、乐视，到近年的 ofo，很多曾经辉煌一时的公司因为各种原因没落。如果发现公司已经确实没有发展机会了，那么一定要早做打算。

我认识几个朋友现在还在某家共享单车公司，问他们为什么不想走，答曰：等着被裁，至少有“N+1”赔偿呢。他们只看到了几个月的补偿，却没有想过以这种心态待在公司，自己会有成长吗？一旦被裁，能马上找到合适的工作吗？等待的机会成本也是很大的，其实算起来得不偿失。

智者不立危墙之下，贪图小利对自己的影响可能更大，所以决策需果断。

5. 有更高更好的平台

这点主要是针对在公司已经工作到一定级别的职场人士提出的。我之前公司的一个同事，已经位居公司的高层，主管公司的一块业务。我们公司在行业内是一个小公司，但由于他做得不错，引来了猎头“挖角”。他当时还有犹豫，毕竟在公司时间久了有感情，而且当时的工作也比较顺手，但毕竟机会难得，于是咨询了我。

我的建议其实很简单，先要确认下家公司招你的目的和期望，确保去了以后可以有足够的发展空间。如果这点可以确认，那就毅然决然地脱离舒适区去迎接挑战。毕竟两家公司行业地位相差较远，即便是职级一样，去了以后发展也会更好。

二、“四犹豫”

1. 不要“裸辞”

现在年轻人比较洒脱，往往喜欢来一次说走就走的旅行。但职场这个事情和旅行还不一样，最好每一步都做好打算。如果你觉得现在工作不顺利，又没有合适的下家，建议你还是犹豫一下，不要意气用事裸辞回家。这不但会导致你收入的中断（土豪请忽略），更重要的是会影响你职业的连续性，对职业发展影响不好。

2. 加盟创业公司

前段时间创业潮迭起，很多小伙伴被创业公司一夜暴富的消息冲昏了头脑，幻想能够进创业公司，拿股票，一夜暴富。殊不知，创业公司可以说是百死一生，能够成功活下来的少之又少。而对初入职场的菜鸟而言，其本身对市场和公司的判断经验就少，如果盲目地进入创业公司很容易“见光死”。

所以大家在决定奔赴创业公司前，最好先犹豫一下，思考清楚。

3. 换城市

前段时间一个影响广泛的社会新闻就是“逃离北上广深”。这四个城市由于高昂的房价，让很多小伙伴决定“用脚投票”，远离苦难生活。但理想总是丰满的，现实却很骨感，很多离开的小伙伴发现，到了其他城市后，职业发展以及可选择的机会少了很多，其中不少人只能重新回到一线城市寻找机会。

如果你换工作的唯一理由是想去其他城市发展，我的建议是好好犹豫一下，考虑新城市中自己未来的发展机会有多少。要知道，每换一次城市都意味着巨大的成本投入，要尽量少折腾。

4. 短期的金钱增加

在职场中有两种钱，一种叫作“现钱”，主要体现在现在拿的工资和奖金中；一种叫作“未来的钱”，主要体现在一个人的价值上。我们寻找工作机会的过程，就是把“未来的钱”变为“现钱”的过程。

所以，如果一个人在公司中有成长的机会，那么他就有增加自己“未来的钱”的机会。这时虽然“现钱”没有增加，但也只是时间问题。所以不要轻易放弃一个可以让自己有成长机会的工作。当然，我也理解当今社会大家的生活压力都很大，但遇到一个只有工资上涨的跳槽机会时，还是需要慎重犹豫一下。

三、“三不换”

1. 只是因为工作忙不换（土豪及家里有矿的请忽略）

曾经在咨询公司里见过一个小朋友，他从事的分析行业是大热行业，带他的领导也很好。但就是由于这项工作需要熬夜、加班和出差，他觉得太苦所以放弃，转而去了国企。我只能说，他真的错过了一个好机会。要知道，他现在去国企也就是一个小兵，但在咨询公司沉淀几年，很可能再去国企就是中层甚至高层管理者。而靠他自己在国企想一步一步往上走，很可能要花费几倍时间，甚至最终也未必如愿。

在我看来，只要工作能带来成长，只要所处的公司和行业充满机会，工作再忙再累都不应该成为换工作的原因。要知道你现在付出的每一分努力，未来都可能会转化为你自己的资本和价值。

2. 刚刚入职新公司不换

有不少人刚刚换公司后感觉不适便立刻提出辞职，美其名曰“逃坑”。其实这种情况在我看来并非“逃坑”而是“跳坑”。首先，刚刚换工作到新公司，有不适应是很正常的，毕竟无论是业务、公司文化还是管理模式，都要重新适应。而且每家公司招人肯定都是因为“有坑要填”,所以新人到了压力大也很正常。其次，我相信大家在做出换工作的决定时都是非常谨慎的。那么在仔细挑选之后，为何不给自己和公司一个机会，把公司运作情况和工作内容了解清楚之后再做决定呢？最后，频繁跳槽对自己未来的职业生涯影响很大，而且马上离职之后没有了收入，找工作的压力倍增，很容易刚刚解脱，又陷困境。

我给大家的建议是，一份工作至少要做满 1 年之后再考虑换。如果大家能以此为目标，相信找工作也会更慎重一些。

3.“职场寒冬”不换

职场里也有好年景和坏年景之分。好年景里招聘的职位多，机会多，工资也好谈；坏年景里固然也有岗位，但由于寒冬已至，公司本身也在做业务收缩和调整，所以对招聘的岗位很有可能也没有考虑清楚，如果这个时候加入公司很可能会成为业务调整的牺牲品。所以换工作也需要选好年景，寒冬来了的话，还是在现有公司里好好“猫冬”吧。

其实职场里面换工作的门道是非常多的，以上罗列的“五必换、四犹豫、三不换”可以作为大家换工作的一个参考，愿大家都能找到称心如意的工作。

我的“零经验”转行之路

大Q小陈

我今年29岁，毕业7年，前6年一直在传统的石油行业，今年“零经验”“零基础”转行到互联网行业：在错误的道路上走了近7年才艰难转行！

所以这次转行，我非常慎重，为了找到正确的方向，我几乎看遍了知乎上所有关于转行的高赞回答，并且花钱咨询了职业规划专家。最终花费近2个月时间、几千元钞票，得出自己的职场转型方法论。在这里分享给各位，希望能有所帮助。

一、你为什么要转行？

——你为什么要转行？

——因为我想有更好的发展。

这就好比问“你为什么要吃饭？”而回答“因为我要长个子”。

难道你吃饭不是因为饿吗？

长个子是你吃饭的目的，不是原因。

所以很多人其实根本就没有认真想过自己转行的原因，而是直奔目的去了。

转行的原因有很多，诸如发展空间小、收入低、行业发展有局限等。但归根结底只有两种：

第一，没有上升平台，目前的行业不能满足自己学习的需求。

第二，自己在目前的行业混不下去了，希望去其他行业找安慰（虽然很少有人承认）。

扪心自问，自己到底是哪一种？

是想有更高的追求？还是逃避现在工作中的诸多问题？如果是后者，那可能你的转行之路不会很顺，你做不好这份工作，下份工作也未必能驾驭得了。没有哪个行业比其他行业更轻松的说法。

我自 2011 年毕业后就在一家央企石油公司的省级子公司做销售，公司规模不大，几十个人。在国企做销售还是比较轻松的，就是利用公司资源维护一下客户。我干了 4 年，进步真的很小。

2014年我就有了转行的想法，可惜当时好日子过习惯了，吃不了苦，就一直待在舒适区不想动，加上自己胆小，不知道转行能干吗，不敢轻易尝试，行动力很差，结果心态就成了挨一天是一天。

2015年8月，公司出现了一些变动，我成了销售部门负责人。开始带团队的时候，没人教，自己整日浑浑噩噩，面对部门十几个人根本不知道该怎么管理、调动、激励。跟小心眼的上司关系也很差，整天红脸、争执、冲突，基本上整个2016年就在这种纠结、对立、混乱中度过，又浪费了一年！

2017年，公司换了位领导，我和新领导关系很和谐，工作也相对顺利很多。但是石油行业，毕竟是夕阳产业，往往吭哧吭哧累死累活，也拼不过行业发展趋势的下滑。一方面对工作缺乏兴趣，另一方面业绩毫无起色，上半年我的工作相当煎熬。总经理一看业绩不好，便要进行人员调整，出乎意料的是，他想把我调到另外一个部门做经理，算是升职。我内心非常感激，因为虽然我没业绩，但是领导却很照顾我。

但是在这个夕阳行业浸淫6年，目睹这个行业的混乱、死气沉沉，我已经彻底失去了耐心。如果不走，我未来几十年的人生都可以“脑补”出来！这难道就是我以后要过的日子？这百余人的小公司就是我全部的天地？我以后的人生就要按照这种模式不断地复制粘贴？想到这里，我再也无法忍受，这种情绪促使我战胜了我的懦弱、懒惰，我咬咬牙，一跺脚，“裸辞”了！

此时我已28岁！

当时离职的时候，我在公司已属中层，税后收入有20万左右，自我感觉良好。但准备转行到互联网行业找工作的时候，我却连面试机会都很少。一开始我还很纳闷，我有这么丰富的工作经验，原来的单位还是大型央企，位列世界500强，怎么到了市场上却无人问津？

我非常迷茫，不知道下一步怎么走。我已经28岁了，一起毕业的同学，有同学创业拿到投资身价上亿，很多同学做到公司中层，大家基本上都结婚成家。反观我，个人生活上还是“单身狗”一只，事业上也一事无成，处于待业状态。在这种落差的折磨下，我非常焦虑。

然而没解决的问题不会自动消失，只会堆在心里越来越压迫人！

二、我是如何转行的？

我在原来单位时自我感觉良好，是因为在那样的温室中，你不知道外面的世界是什么样的，不知道市场上真实的竞争多么残酷。

投递出去那么多简历都石沉大海，这对我来说是很沉重的打击。感觉人生第一次遇到了很难跨过的低谷，这促使我花了很长一段时间静下心来思考：我到底要做什么工作？

我在知乎上面搜索和查看各种关于职业规划和转行的话题，在其中也看到了很多转行至互联网行业的小伙伴的经历。

为什么不尝试转到互联网行业呢？这个想法开始冒出来。

我不是受够了跑销售，受够了传统行业的沉闷与安稳吗？

我想去杭州，杭州不是互联网行业很发达吗？

互联网行业在我看来是很遥远、高高在上的，也是自己之前从来没有想过的。但是那么多小伙伴都成功了，我为什么就不行呢？

我开始疯狂地上网查资料。互联网行业到底是什么样子？有哪些岗位？岗位要求、发展前景是什么样的？自己到底能不能干？

写代码、研发产品对我来说门槛太高，短时间内入门难。而且，我这大龄青年做这行相比那些小年轻也拼不过吧。做设计我也是小白一个，毫无概念。最后发现，除了互联网市场运营这个岗位，我貌似没有其他选择了。

喜欢与人打交道，自认为对人性有一定的洞察能力，细心且逻辑思考能力强，这是我当时对自己的综合分析。有这样的优势，好像做市场和运营也是可以的，不如试试看！

在有了初步想法之后，我还是非常慎重的。为了验证自己的想法，我几乎看遍了知乎上所有关于转行的高赞回答，并且花钱咨询了职业规划专家，最终花费近 2 个月时间，投入了不少金钱，才明确了自己的转行方向。

于是接下来就开始疯狂地找资料学习。上知乎、网易云课堂、搜索引擎等各种平台，花了 10 天左右时间查了各种资料，也试听了四五种课程，最后找到了一个比较适合零基础小白转行互联网市场运营的课程。试听了几节课，我就果断付费购买了。

要知道，人在悲观、迷茫的时候，稍微给自己一个盼头就立马像打了鸡血一样，举个不恰当的例子，付费那一刻，我仿佛找到了一个可以托付未来的对象一样！

付费后，我就开始了闭关学习时期。没有经济来源，没有社交，有的只是对一个陌生行业的期盼和随之而来的压力。

我每天的日常就是刷课，实操，刷课，实操，还开了个微信公众号记录了自己的所思所想。学了 1 个多月，中间也有过懈怠期，不想学习。有十来天时间，我每天的学习时间只有 4 个小时。要知道，和我一起转行的同学，年龄都比我小好几岁，可人家每天都学习 8 ～ 12 个小时。我在年龄上已经落后这么多了，还没人家努力，精力也没有年轻人充沛，真的是处处落后！

一想到这些，我的头就要炸了！

焦虑、压力、自责，这些负面情绪和能量压得我喘不过气来，怎么办？还能怎么办？继续刷课呗！到了后期，我基本上不逼自己了，能学多久就学多久，因为我知道，再怎么逼自己、再怎么焦虑，现实也无法有太大的改变，尽力就好。

三、零基础小白如何快速转行？

做到两点即可：

其一，具备新行业、新工作所需要的基本的知识框架和思维方法。

其二，准备一个面试作品，证明你具备这个知识框架和思维方法。

1. 快速学习新行业、新工作所需要的基本的知识框架和思维方法

看到这个你可能有些头疼，因为你根本不知道怎么入手。

其实这个问题的答案很简单——找一个靠谱的老师。

当然，这里的“老师”非实指，准确地说是“请行业前辈一对一地跟你聊”+“找一个靠谱的课程学习”。

我当初刚确定方向那会儿，不知道怎么入行，偶然发现一个

教互联网营销的网站，我试听了不到十节课，觉得靠谱，眼都没眨，直接付了全款买了会员。

等你入职成功，一个月月薪起码都够你买上两套这样的课程、咨询十个专家。

简单聊聊怎么鉴别课程靠不靠谱。你去试听一下，坏的课程，喜欢用各种概念砸晕你，会跟你扯行业趋势。好的课程，帮你把复杂概念简化，帮你梳理知识结构，能用大白话告诉你从事这个职业必须会什么。

通过“请行业前辈一对一地跟你聊”+“找一个靠谱的课程学习”，每天学习几个小时，你一定可以在 2 个月内快速掌握新工作所需要的基本的知识框架和思维方法。

2. 精心准备面试作品

零经验的情况下，转行找工作，你必须写好你的简历。简历是敲门砖，门都敲不开，面试机会都得不到，你有再大的本事也无处可使。一个面试作品，虽然不能借以预判未来你能做多好，但是却可以告诉面试官，你最差能做到什么地步。

以下 5 点是关于一个面试作品的结构的：

①工作内容调查：目标岗位当前做了什么事情，是怎么做的。

比如目标公司正在运营一个公众号，你可以调查他们一共发布了多少篇文章，文章是如何引导别人关注的，又是如何引导别人购买产品的。

②竞品调查分析：优质的同类运营者，都做了什么事情。

比如目标公司运营的公众号是旅游行业的，你就可以去找一些旅游行业的优质公众号，盘点优质公众号做了哪些效果好的工作，并进行分析和整理。这样就可以跟目标公司的公众号做对比，分析他们跟优质大号差在哪里。

③提出当前工作存在的问题：总结出目前岗位工作存在什么问题需要解决。

通过调查目标岗位的公众号内容以及优质大号的内容，说明目前岗位工作存在哪些问题，有哪些可以改进的地方。

④提出解决方案：如果你来做这个工作，你会怎么做（入职后你会怎么做）。列出你入职后会做哪些尝试来改进不足的地方。

⑤数据展现：你整个调查过程都做了什么，数据依据从哪来（数据展示）。

把你调查过的公众号的数据用 Excel 表格进行整理，附在工作建议里展示给面试官。这能证明你确实做了很多调查工作，而不是空口无凭。

总结：准备面试作品的过程，其实就相当于入职演练，面试作品中提出的这些工作建议，可以向面试官证明，你具备新工作所需要的基本的知识框架和思维方法，并且能给这个工作带来优化。

有了这个，你打败竞争者的概率在 80% 以上。大部分面试者是不会准备这个的，你准备了，你就赢在了起点！

PART 2

深 度 学 习

别等失败主动找你

吴竞威

我在学习中发现了一个很有意思的现象：

大部分的人是非常憎恨自己的失败的。

大多数人为了逃避自己失败的可能性可以做任何事。

我上小学的时候，班上有个男生奥数很厉害，人也很聪明，然而他下象棋却不那么厉害。

有一次，他和班上象棋玩得最好的同学下象棋，棋子被吃到只剩下“光杆司令”之后，他恼羞成怒推翻了整个棋盘，且此后再也没有和同学下过象棋。

我们可以知道，这个人即使奥数再好，在下象棋这件事上也几乎没有发展的可能性了。

求学、求知的路上，我们可能遭遇的失败有两种，一种是在“筛选机制”中的失败，比如在高考、考研、注册会计师考试和法考中的失败。这种考试的目的，就是筛选出适合的人。大家都知道这些考试是非常残酷的，好比“千军万马挤独木桥”。

还有一种失败，是在“巩固和反馈机制”中的失败。比如在小测验、单元自测、期中考试、市质检、省质检等考试中的失利。这种考试的目的，就是为了反映你所掌握知识的情况、你和别人的差距，以及你的弱点和优势在哪里。这种考试往往不是为了筛选。

惧怕第一种失败情有可原，惧怕第二种失败没有必要。而那些学习很难学好的人，往往既怕第一种，也怕第二种。

大部分人为了避免自己任何程度的失败，可以做任何事。

我曾经问过一个司考（现在更名为法考）考了好几次还没有考上的人：“你的学习方法是什么？真题做了几遍？”

他说：“我大部分时间都在听课，真题没有做几遍。”

“为什么？”

“因为我觉得做真题不如听课明白。”

但是，做真题你才会知道自己的知识盲区在哪里，而光听课的话你只会被“我已经懂了”的幻觉笼罩。你害怕在做真题时感觉自己是个笨蛋，是个努力学习、认真听了课还不能自如运用知识的蠢材，所以你干脆不做任何真题。

事实上，你就算真题做 5 道错 3 道，这除了打破你脆弱的自尊心，又能影响你什么呢？

越不会学习的人，越怕承认自己失败。

越会学习的人，越明白失败只是暂时的，要积累足够多的失败，才能在未来的关键性筛选考试中做到万无一失——有句鸡汤其实不无道理："你必须非常努力，才能看起来毫不费力。"

主动寻求失败的前提是，你要不惧怕被失败证明你的弱小。虽然这可能很丢脸。

另一个案例是一名高中生。她初中时成绩很好，中考考上了所在城市的重点高中。

但是到了高二时，她的英语和数学成为明显的短板，也是因为这两科拖后腿，她的成绩直接从高一时的前几名掉到全年级 200 多名。

数学不好的原因，是因为有一次月考时她忘记了背面也有题目，导致以后考试总是有强烈的答不上来题的感觉。至于英语，她告诉我，她看了好几遍单词还是记不住，觉得自己没有学习英语的天赋。所以这两门科目，每次作业都放在最后去做，或者干脆不做。

我告诉她说，你知道我高中英语单词书翻了几遍吗？你知道我阅读做了几篇吗？我排队吃饭的时候在背，等公交在背，课间休息还在背，你看了几遍记不住单词有什么关系？看几遍记不住单词难道就能证明你很笨吗？

她觉得记不住，就是失败了；一遍记不下来，一次做不出题就是失败了；一次月考考不好，就是失败了。

所以她避免做任何事来证明自己是真笨，努力了还达不到要求。

我问她说，你知道你们学校考多少名才能去985、211吗？她说她不敢了解。

我问她，你知道“学霸”们考砸之后是自暴自弃还是更加努力吗？她说不知道。

她不敢列计划，不敢学东西，不敢了解自己的位置，为了避免失败能做任何事。

而我发现，那些所谓的“学霸”，自测练习做得最多。他们不害怕失败，他们知道单元考、月考小测性质的失败是一种自我督促和检测。

其实他们只是比你努力，比你懂得“认识自己”而已。

所以对大部分所谓“不会学习”的人来说，只要懂得阻碍自己的最大因素是“努力不足，主动失败不够”，而不是“智商欠费”，便基本会和从前的自己判若两人。

我认识很多学习不好的人，但是我知道他们智商和我一样，可是他们不愿意正视自己，不敢触碰可能的失败。

我们把失败当作一种试错，他们把失败当作一种对智商的否定。

所以我们在试错中一步一步成为“学霸”。而学习很难学好的人，会在失败中一步一步走向自责。

所谓“会学习的人”，可能只是努力尝试比你多得多，在自测试错的体量上比你大得多而已。在和他们比较时，不妨先问问自己，是不是每次都在“被动失败”，而不是主动去试错。

勇于“主动失败”吧，别等失败主动找你。

透过现象，找到你自己的“本质方法论”

风墟

“透过现象看本质”是一种非常重要的思维方式，就是在看待问题时，能够抓住其背后根本性的运作逻辑，能够理解它真正的前因后果，而不是被事物的表象、无关要素、感性偏见等影响了判断。

拥有了这种思维方式，你才不会浪费时间在网上和别人“对喷”，看问题做事情始终不在点子上，才不会总在做对现实问题的解决毫无助益的事情。

我想从两个维度来论述“透过现象看本质”。

一个是“本质方法论”：从与大众对这个问题的理解相反的、

更为实用的角度对“透过现象看本质”进行分析；

一个是“分清边界”：可以看作是对“透过现象看本质”中的“本质”是什么的分析。

一、本质方法论

“透过现象看本质”这样一种表述，暗示着我们通常认为观察事物的过程是先看到现象，然后再去分析现象背后的本质。

但现实往往是与之相反的：一个人已经有了自己的“本质方法论”，他所习惯的就是运用这套方法论来解释所有事物。

因此在看待问题时，他是先看到“本质”，再去分析表象。

那我所谓的“本质方法论”指的是什么呢？

本质方法论是指：一个人在生活中，通过不断学习、实践、复盘、优化，而总结出的一套个人哲学体系。

这套哲学体系，在个人的生活中经历了反复验证和不断改进，直至成为一种可以完美解释他所看到的客观世界的理论模型。

那么他的这套理论，也就是他的本质方法论。

在心理咨询中，每个流派都有它自己的“本质方法论”。

比如精神分析法透过现象“看到的”本质就是移情、力比多、攻击驱力、自我、超我、本我等；认知疗法“看到的”就是认知模型、自动思维、不合理信念等；人本主义“看到的”就是潜能、自我意识、自我概念和经验之间的不协调等。

所以这就是为什么我在前面说：不是先看到现象，再去分析本质，而是先有了“本质方法论”，再来分析现象。

如果你去分析现象的话，你会发现这个现象有无穷无尽个分析角度，而且每一种角度你好像都能总结出它的本质。

但问题是，我们有必要把现象的所有本质都分析出来吗？

答案当然是没必要。

有人接着会问：那这样的话，你看到的所谓“本质”不就有局限性了吗？那还能称之为本质吗？

正是因为有局限性，所以这样的本质才更为“实用”。

透过现象看本质，正是为了“实用”才会去“看”。

和我们核心目的无关的所谓“本质”，对我们而言，就是没有意义和价值的。

在分析现象上耗费太多精力纯粹就是浪费时间。

我们要知道，每个人对这个世界所关注的点、关注的领域是不同的。

商人关注的是商业的运作规律，政客关注的是权力的运作规律，心理咨询师关注的当然是心理的运作规律。

在这里，不同的人所关注的运作规律并非全然不相干，只是他们所持的立场与角度，和洞悉了某一本质之后所采取的策略是不同的。

比如“人们在消费时会有一种攀比心理”，这是一条本质规律，那么商人就会利用这条规律在文案、商品摆放、销售话术等方面激发消费者的攀比心理，令他们更愿意掏钱。所以这条规律对商人来说，就是“赚钱的策略”。

而心理学研究者则可能会把这条本质规律告诉身边人，提醒他们不要因攀比而冲动消费。这条规律对心理学研究者来说，就只是有关人本性的一种思维方式。

所以有时候即便看透了本质也没有什么特别的意义，重点在于你要怎么去用这些本质规律。

支撑你把所看到的本质规律利用好的前提，是你有自己最基础的“本质方法论”。

比方说你想经商，那你就要先懂得赚钱的基本原理，然后你才能知道“人们在消费时会有一种攀比心理”这条本质规律，进而思考要去怎样利用，怎样设计，怎样引导。

那怎样才能够拥有自己的“本质方法论”呢？

其实我在一开始就已经说过了，它包含四个步骤：

学习→实践→复盘→优化

你要先学习前人的经验，不管有没有真正理解，都要先搭起你对这个领域认识的一个基本框架；然后再拿你所学到的这些东西去实践应用，在实际的成功和失败中获取更深的体验和更透彻的理解。不管成功还是失败，只有自己主动复盘，才能彻底将你的实践价值发挥到最大化，也只有复盘，才是你从实践中获得经验和新知的最佳途径。

有了新经验、新知识之后，你就要将它们与你的旧理论进行整合优化，然后再不断学习，不断实践，重复进行这些步骤，直至你的个人哲学体系越来越趋于成熟。

我知道看到这里，肯定有不少人早就憋不住了：你这不说的都是废话吗？谁不知道要学习、应用、反思再优化啊？能不能说点儿新鲜的？

但问题是，你这样做了吗？多少年来一直有人持续不断地想寻找“真正有用”的成功学，我觉得他们其实真正想找的是一种“不用努力就能够成功”的成功学。

一个人能够不断成长，本质上依靠的就是这四个步骤而已。

二、分清边界

上文是从实际的角度出发，论述了“透过现象看本质指的是一个人用他的本质方法论来分析现象”，现在我们来谈一谈“透过现象看本质”的“本质”是什么。

我对这个“本质”的理解是“分清边界”，毛主席对这个“本质”的理解是“实事求是”，我的前总监对这个“本质”的理解是“分类”。

其实不管是哪一种命名，想要表达的含义都是一样的：将现象的各种要素拆分归类，剔除掉无关的因素，那么剩下的那些因素就是这一现象的本质。

举一个例子：

我和孙雷是相识多年的好友了，我俩的感情非常好，甚至好到一起上了战场，我们愿意为对方挡子弹的程度。

去年我俩去月球旅游，碰到了爱因斯坦，爱因斯坦邀请我们加入基督教，我俩拒绝了。爱因斯坦就变成了一只电热水壶，扬言要弄死我俩。

我俩就赶紧跑，我跑得比较慢，电热水壶快追上我了，眼看着我就要被电热水壶给烫死了，孙雷为了救我，转身和电热水壶搏斗起来，不幸失去了一条腿。

回来后我和孙雷关系更好了，他为我丢了一条腿，我觉得特别亏欠他。

适逢美国大选，我支持特朗普，他支持希拉里，我俩谁都说不过谁，我就把他打死了。但我心里对他很愧疚。

昨天我收到一条短信：你好，我是希拉里，我现在逃到了加拿大，我在美国的 13000 亿美元的资产都被冻结，现在需要你给我打 5000 元人民币作为解冻资金。如果你帮了我，我就带你一起推翻特朗普，并封你为美国军事主席，我的卡号是：×××××。

请问，我应该相信这条短信吗？

很多人看完这个例子都会觉得这太胡扯了，这都哪儿跟哪儿啊。

但事实上，在现实生活中很多人都是像我所举的这个例子中的当事人一样。想提出一个问题，却做了很多无意义的前提介绍；想论证一个命题，却提到了很多和命题没有逻辑关联的内容。

我们在看上面这个例子的时候，应该都能知道：是否要相信这条短信只取决于短信内容的真实性，而和“我”与孙雷的关系、爱因斯坦、“我”与孙雷各自支持谁，没有半毛钱的关系。

但是现实生活中却不乏这样的例子：有些人在评价演员时，

强调的不是演技而是“人品”；考虑要不要和老公离婚时，不看自己能否忍受得了他的家暴，而是顾忌老公曾借给自己父母一些钱。

很多时候并不是本质很复杂，我们需要花费时间整理才能看到它，而是问题的本质已然非常清晰地摆在了我们的面前，而很多人却似乎根本看不到问题的根源所在，却在那些根本无关紧要的细节上百般纠结。

看不到本质所在的根本原因，我认为就是没有清晰的“边界意识”。

没有边界意识的人，无法分清楚两个事物之间的“有效逻辑关联”和“泛逻辑关联”的区别。

比如在“要不要和老公离婚”这个问题上，“你的老公在家暴你”这一点就和问题有着直接的“有效逻辑关联”；“你老公曾借钱给你父母”“你老公是战斗英雄”“你老公拯救了人类”等这些就是和问题有着“泛逻辑关联”的要素了。

“泛逻辑关联”指的是：某一因素和主题有着宽泛的、不重要的逻辑关系。但因为这种关系的存在，会令人们在考虑问题时将这一因素考虑进来，从而形成思维干扰。

但在具体问题上，单单具有泛逻辑关联的因素，本质上等同于没有任何关联的因素。

比如我们设置一个主题为:“演员 × ×”。

我们再设置与此相关的两个因素:“× × 很帅”和“× × 很爱装”。

那么当我们在讨论“× × 的颜值”这个话题时,“× × 很帅”就是“有效逻辑关联”因素,而“× × 很爱装”就是“泛逻辑关联”因素。你不能因为你个人不喜欢 × ×,就在我们讨论 × × 颜值时拿他的人品来说事;当我们在讨论“× × 的人品”这个话题时,“× × 很爱装”就是“有效逻辑关联”因素,而“× × 很帅”就是“泛逻辑关联”因素。你不能因为喜欢 × ×,就在我们讨论他的人品时,拿他的演技和颜值来助阵。

当然,现实情况往往是人们根本不顾前提条件和问题的出发点,只是看到了自己感兴趣的某个因素,就马上凑过来各说各话。

所以我们会看到那么多的人,在讨论演技的问题下评论人品;在讨论国家强大的表现的问题下讽刺国家的“软弱”;职业选择时不考虑自己的长远发展,而只想着怎么讨父母欢心。

到这里我可以解释清楚我所表达的“分清边界”的含义了:

“分清边界”就是确定我们所面对的问题中,哪些是和主题相关的“有效逻辑关联”因素,哪些是“泛逻辑关联”因素,哪些是“无逻辑关联”因素。

剔除掉“泛逻辑关联”因素和“无逻辑关联”因素，那么剩下的“有效逻辑关联”因素就是我们要探求的“本质”。

所以在这里，要探求本质，“确立主题”就显得尤为重要，这个主题通常指的是我们要讨论的“问题”，或是我们要论述的一个“命题”。

确立主题就是确定探求本质的“角度”，有了角度，才有出发点，否则你会陷入无意义的混乱分析，看似得到了很多结论，但这些结论并没有什么价值。

三、总结

“透过现象看本质”并不是先看到现象，再去分析现象背后的本质，而是一个人先有了他自己的“本质方法论”，再用这套方法论去分析现象。

一个人的“本质方法论”是为他在生活中的实用性目的服务的，这样的个人哲学体系必然有其局限性。但正是这种局限性，使得他在看问题时能够更加专注，更利于实际问题的解决。

形成个人“本质方法论”的方式在于“学习—实践—复盘—优化”这四个步骤的反复运用。

探求本质的前提是“确立主题”。有了主题才有了可入手的分析角度，进而才能得出具有实用性价值的结论。

确定主题之后，对问题的分析就是：将这一问题相关的各个元素进行归类，划入“有效逻辑关联”因素、“泛逻辑关联”因素、“无逻辑关联”因素等类别。

剔除掉“泛逻辑关联”因素和“无逻辑关联”因素，剩下的“有效逻辑关联”因素就是我们在探寻的“本质”。

三种“思维陷阱”

曾加

在这个世界上，大部分人其实对事情的“真相”并不在意，他们所认可的，是具有以下特征的所谓的“真相”：

其一，和自身经历比较，符合自己原有价值观的。

其二，使自己产生“优越感”或“能安慰自己”的。

其三，能打击到自己的“敌人”的。

以上的三点，我称其为“独立思考”的“陷阱”，只有摆脱了这样的“陷阱”，我们才能真正地开始“独立思考”。

我来举几个例子吧。

【例一】

前段时间，知乎上有个问题非常火——“高度自律是一种怎样的体验？”在这个提问下共有 500 多个回答，其中有好几个“千赞”回答。

现在我问你：

这些回答是否真实？

这些回答对你是否有用？

事实是，绝大多数“观众”在看到那个问题下的各种回答时，只顾着自己看得爽了，完全没有进行上面的思考。他们看到回答后，评论通常是：

> 哇，这个人的经历好牛啊！膜拜！
>
> 哎，这个人是厉害，但好像很辛苦的样子，坚持下来太难了！
>
> 我觉得他这么自律毫无意义，人活得那么累有什么意思！
>
> 我觉得他的回答在装哎，这也叫“高度自律”？我也行呀！

这些反应具有什么特点呢？

它们的着眼点是将回答“和自身经历比较”，看是否“符合自己原有的价值观”。

怎么理解呢？

第一条评论：认为回答者比自己“牛”，是将回答者和自己比较，觉得他胜过自己。

第二条评论：认为回答者比自己“牛”，但他成为牛人的道路太艰难，自己做不到。

第三条评论：认为回答者的经历和自己的价值观不符，情感上否定之。

第四条评论：认为回答者的经历不足道，自己能做得更好。

这四条评论当然都有各自的道理。只是，这些评论对“独立思考”的帮助并不大。因为它们都没有摆脱“和自身经历比较”的桎梏。

而我则提出两个问题：

这些回答是否真实？——提出质疑，是独立思考的第一步；

这些回答对你是否有用？——“适用性分析”，是独立思考的一种深层加工。

当我们尽力摆脱自身经历的束缚，站在旁观者角度，开始对事件本身进行“质疑”，并分析其对不同人、不同情景的“适用性”时，“独立思考”的大门就渐渐打开了。

【例二】

依然是那个非常火的问题。现在我问你：那些高赞回答具有什么特征?

仔细观察后，不难发现，这些回答，绝大多数都提到了“高度自律”的负面性。

“孤独”“辛苦”“牺牲乐趣”……这些字眼出现了很多次。

那么，有完全正面的答案吗?有的。可它们大部分被压在后面。

由此可见，人们更乐见高度自律的负面性。

这是为什么呢?

因为大部分人做不到“高度自律”，而高度自律产生的正面效果却令人羡慕。

孤独、辛苦、牺牲乐趣……这些字眼，使得部分不能做到高度自律的人产生了一种奇妙的心态，有了一个自我安慰的理由：

“高度自律以后，朋友都没了，也不太好嘛！”

“高度自律太辛苦了，人生应该轻松一点嘛！”

“高度自律太无趣了，不适合我这种有趣的人。”

……

这就是所谓的第二个“陷阱”：使自己产生“优越感”或“能安慰自己”。

当我们发现自己的思考方向有这样的趋势时，就应当警惕起来，“能让自己感觉良好”是禁锢独立思考的最强“枷锁”之一。

【例三】

在各大网络论坛上，各种纷争从未停歇。

中医、女权、民主……每当这些话题出现的时候，都会有一场血雨腥风。

但我们也发现，在这些争论中，常常会产生一个有意思的现象：

比如，某人编了一个关于“黑中医”的段子，然后一大波所谓的“中医黑”不顾段子的真实性，开始疯狂转发，并对中医大肆嘲讽。但只要冷静下来，几乎人人都会发现这个段子非常愚蠢。

这就是所谓的第三个“陷阱”：能打击到自己所谓的“敌人”。

当我们发现一件事物能打击到“敌人”的时候，我们很容易丧失独立思考的能力，犯下非常低级的错误。

我以为，当我们开始注意到独立思考的这三大“陷阱”时，我们独立思考的“意识”就开始觉醒了。接下来要做的，就是提高独立思考的水平。

这是一个很漫长的过程，不可能一蹴而就。我有两个建议，希望诸位能够用得上。

第一，要有选择地多读书。

最好的学习资料永远是书，因为相对而言，书是作者思想的一种沉淀，一旦出版，除非重印或再版，基本不会修改，所以作者落笔会更谨慎，会反复修改，书中的内容也更具系统性。

要更加谨慎地去看待某某空间、某某朋友圈、各种论坛上的文字，因为这里面的文字很多是“拍脑袋”想出来的，大部分并没有什么逻辑，对培养独立思考能力没有太大帮助。

少看成功学、心灵鸡汤之类的书，这些书最擅长做的事情就是“忽悠”你，束缚你的思维，让你掉进它挖好的“陷阱”中。

要读有逻辑的、自成系统的书。如果能读读与逻辑学或数学相关的书，那自然是再好不过了。这些书的写作、阅读门槛高，“忽悠”不了人，且阅读过程本身就是训练逻辑思维的过程。

第二，在判断一条信息的真伪前，请务必关注其“来源”。

不妨看看某百科网站是怎么做的（图 2-1）：

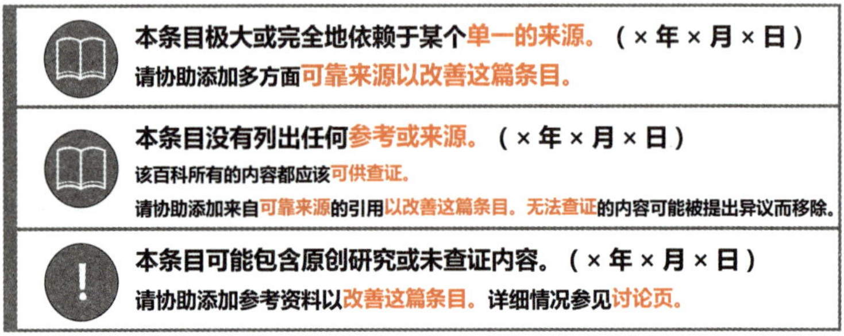

图2-1

你看，“内容有来源”“来源可查证”“来源多样”是该网站判别条目合理的重要标准。

因此，当我们看到一个“不明觉厉”的消息时，也可以借鉴这个方法，关注其来源，这会降低犯错的概率，使自己变得更加客观。

提升学习能力：一场回报最显著的投资

叶倩倩

学习能力是所有能力的元能力（meta-competency）。提升学习能力是一个缓慢的过程，但它却是回报最高的投资。我们无法通过掌握一种方法就实现“快速提高”，但是正确的方法一定可以帮助你少走弯路，让你不会兜兜转转又回到原点。

提高学习能力的本质是学会思考。

首先，我们来区分两种学习。一类叫“以知识为中心的学习”，一类叫“以自我为中心的学习”。“以知识为中心的学习”也叫“学院式学习”，是以“通过考试”或者“科学研究”为目的的学习方式，主要强调对知识的理解、记忆、归纳、应用。“以自我为中心的学习”

也叫“成人学习”，主要强调解决自己的问题、提升自己的能力。

我们要解决的主要问题是“如何提升学习能力”，属于第二种学习的范畴。

“以自我为中心的学习”主要包括三个维度：

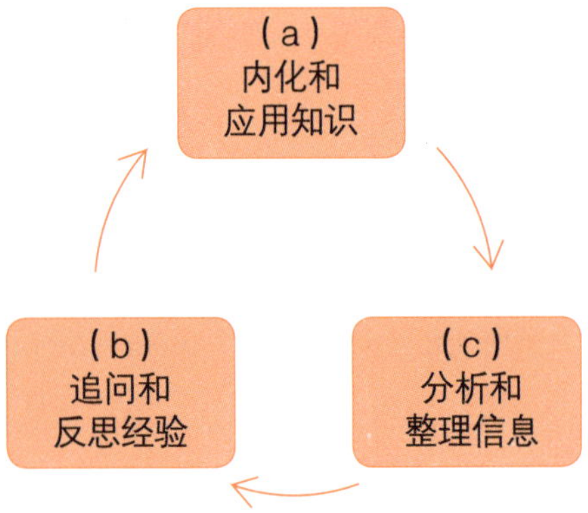

图2-2

要想提升学习能力，就要从提高内化和应用知识的能力、分析和整理信息的能力、追问和反思经验的能力这三个维度入手，并且学会建立自己的知识体系，达到知行合一。当你掌握了这种方法时，无论是学习专业知识的能力，还是学习某种技能以解决生活中的具体问题的能力，都会得到相应的提升。

鉴于此，本文将从“以自我为中心的学习”的三个维度阐述如何提升学习能力，并给出具体可执行的行动方案，后面还附有分析案例。

一、内化和应用知识

在《这样读书就够了》一书中，作者给出了一种在读书的过程中，通过 3 张便笺来帮助实现“内化与应用知识”的方法：

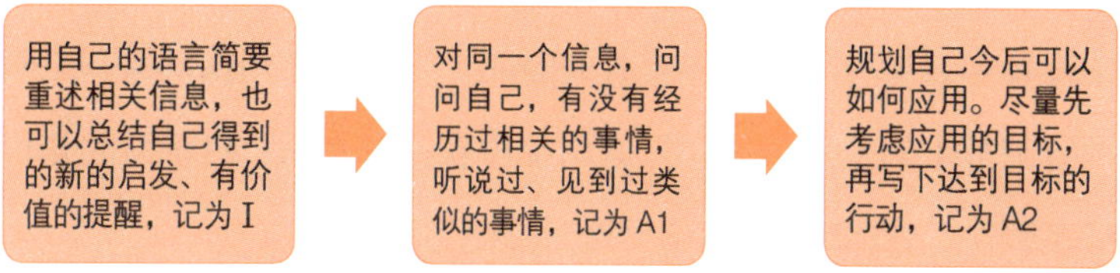

图2-3

前几天收到一个小朋友的信息，其中满满的都是委屈：“小姐姐，我听了你的建议去读了某本书，但是我觉得并没有什么特别的呀。里面讲的道理我早就知道了，但我还是学习不好。”

“× × × 我早就知道了”这句话是不是听起来很耳熟？

人们在接触到新的信息时，总是会不由自主地用已经知道的内容去匹配它，用“旧知”去附会“新知”，于是就以为自己看透了、读懂了。这种思维方式并不是与生俱来的，事实上，它来源于在学校里学习时老师教给我们的学习习惯：总是要概括段落大意、文章中心思想，用过去学过的方法来解决新的问题。

这种思维方式本身没有错，我在做学习方法指导时，也曾提到过“通过联系新课程与旧课程，把它们融会贯通，构建知识网络”“用已经掌握的公式推导得到教材给出的新公式，可以加深理解、帮助记忆”。这个推导的过程，本身就是从旧知指向新知的过程。

附会本身不是问题，最大的问题是止步于附会。找到“新知”与“旧知”的相同之处很容易，人人都能做到；而找到不同之处，则需要你去思考。好的学习者会追问，这个信息和我以前知道的内容细节上的差别在哪儿？适用条件有没有差别？对细微的知识有多敏锐，就体现了你的学习能力有多强。

市面上常见的改善人际关系与提升执行力的畅销书，有卡耐基的《人性的弱点》、柯维的《高效能人士的七个习惯》等。有人说前者是“改善人际关系的《圣经》”，也有人说它“讲的是谁都懂的道理，但是犯错的人根本意识不到，所以根本没用”；还有人说后者“改变了自己的人生轨迹”，又有人说它“老生常谈，名不副实”。

为什么会有截然相反的几种评论呢？除去个人理解能力不同的因素，认为“老生常谈”的人显然更多是在附会旧知。提出新理论的人少之又少，但同类书中它们之所以能成为佼佼者，很重要的一个原因是它们对“老生常谈”进行了“生动演绎”——你本来就听说过的道理，一直不知道怎样实践，而它们告诉你怎样把这些道理运用在生活中。这确实是一种非常了不起的能力，完全值得我们在它们上面花钱、花时间。

具备内化和应用知识能力的一个表现，就是把附会的本能反应，升级为界定新知、旧知二者边界的理性反应，从而更深入、更敏锐、更清晰地理解新知，同时加深对旧知的认识。

我们回看前面的“便笺法”。在“重述信息”（便笺 I）这个步骤中，很多人会止步于附会旧知，或者干脆就直接摘抄了原文中的内容。但就算你把书里的这一段背下来了，它也不是你自己的。“重述”的意义在于“理解”，如果不能充分理解文中的内容，是很难用自己的话表达的。为了达到“内化与应用”的目的，可以在具体操作时将原文知识总结或加工为明确具体的操作方法或建议步骤。

在“回想相关经历”（便笺 A1）这个步骤中，切忌泛泛而谈。没有具体时间、具体事件的回想都是泛泛而谈，这里讲的是认知而非具体经验。为了让这个步骤执行性更强，可以参考这些要素：记录的事件必须是自己亲身经历、亲眼所见、亲耳所闻；叙事体现了起因、经过、结果；原文或便笺 I 的诸多要素有明确的对应。便笺 A1 最关键的是经由新的知识点刺激，我们可以更好地理解、反思自己的经验，从而把自己的知识和经验结合起来，获得个人成长。

当你要规划 A2 时，不妨先问问自己："这件事对我来说有多重要？"如果书中写着很重要，但是对你不重要，不妨到此为止，去看后面的内容吧。当你真的决定要把书中的知识运用在实际当中时，一定要先定下目标。因为你所规划的行动必须是自己可以做出的行动，而不是对原文的摘抄，哪怕原书的建议给得非常具体，也不能算成你自己的知识。

比如，我们总是习惯于在新年到来之际"表决心"："新的一年，我要读 100 本书，我要瘦 20 斤，我要……"；也总是喜欢在考试结束后发誓"下个学期我不能再这样颓废了，我要好好学习"，等等。通常信誓旦旦立下的目标，过了三分钟热度就再也没碰过。因为这些目标都太大太空泛了，空泛到你自己都不知道该怎么努力才能完成它。

当你打算执行"规划应用"（便笺 A2）步骤时，要先给自己定一个具体的（specific）、可衡量的（measurable）、可以达到的（attainable）、与其他目标具有一定的相关性的（relevant）、具有明确的截止期限的（time-bound）目标（即目标遵循“SMART原则”），然后问问自己：具体行动步骤是什么？包括谁？在哪里进行？何时开始？是否使用了原文信息或便笺I的方法？都是自己能做到的或推动他人做到的吗？能衡量做到的程度吗？

只有对“规划应用”这个步骤的这些问题思考得都很清楚，才能提高对决心的辨识力。能够判别哪些“决心泛滥”的话看起来很漂亮，但是无法落地；哪些是切实可行、脚踏实地的建议——这是一项很重要的学习能力。

二、分析和整理信息

分析和整理信息能力是学习能力的重要组成部分。在信息远多过知识的时代，人们每天都要接触大量的信息流。如果你不具备这种能力，可能会今天看到“人际关系不好，是因为你不知道这几点”于是觉得人际关系最重要，明天发现“不懂得管理，你已经输在了起点”，后天又发现“情商才是你最大的短板”。有一些自媒体人和写手为了博取阅读量会刻意地夸大文章的主题，甚至误导读者。

显然，并非所有信息都是知识。二者最主要的差别在于，知识的上下文往往会显明前因后果和适用边界。如何避免盲从轻信，理智甄别哪些信息是对自己有益的呢？

按照赵周《这样读书就够了》中提到的方法，我们可以试着从以下 8 个方面入手：

分析信息的关键是追问“前因后果”。

前（前车之鉴）：为什么这件事对我重要？作者是怎么引出这个信息的？

因（相因相生）：作者提出了哪些关于原因的假设？他是怎么验证或排除这些假设的？还有其他可能性吗？

后（以观后效）：若依从信息去做之后会怎样？对我有什么好处（效用）？

果（自食其果）：不这么做的后果是什么？不改变的话问题有多严重？

整理信息的关键是明确“适用边界”。

适（适得其反）：有没有人会不同意我对原因的假设？有没有不符合这个假设的实例？

用（使用条件）：要这样做，需要具备哪些条件（考虑成本收益、态度能力……）？什么情况下信息是不管用的？

边（旁敲侧击）：之前有没有类似的（或乍看起来

差不多的）信息？有没有可供借鉴的情况？其他领域/行业/作者如何看待类似问题？

界（楚河汉界）：无论是相反的还是类似的信息，它们和这个信息的真正区别是什么？是否存在交界？

重要的不是信息是从哪里来的，而是无论拿到什么信息，我们都可以去判别、加工信息的质量，可以给它补充“上下文”。你越能一针见血地问到这 8 个问题，就越能体现自己的学习能力。

想要提升学习能力，就要在一切与学习有关的事情上“反求诸己”。

这里的“学习”是广义的学习，既包含“以知识为中心”也包含“以自我为中心”。

我们总是习惯将责任归咎于他人：从小没有养成好的学习习惯是因为自己的父母不上心；成绩不好是因为老师水平不行，讲得不好；和女朋友关系不好老吵架是因为她太“作”；和男朋友关系不好，老冷战，是因为他不够爱自己；和上司发生争执是因为他太专横……也许你说的这些理由都对，但结果往往是——学习依旧不好；还是没有良好的亲密关系；工作和人际关系也一塌糊涂。

“反求诸己”的意思则是，从自己开始改变——就算不是自己的原因，但这对自己很重要，也应该做点什么来让自己变得更好，不是吗？

为什么大家在校的时候看起来都差不多，但是离开学校几年之后就天差地别了呢？其实每一个人的特质和能力本来就差别很大，只不过在学校的时候你只看到了学习成绩，就误以为已经了解了他的全部。毕业 1 年之后，沟通能力和在错误中学习的能力带来的影响就会显现；毕业 3 年之后，解决问题的能力、调节情绪的能力、处理人际关系的能力就会把差距拉大；毕业 5 年之后，拼的是自我管理能力、逻辑思维能力和影响力；毕业 10 年之后，拼的是成就、生活质量，而这些也有相当一部分源自个人在家庭生活中不断成长的能力、教育子女的能力，以及工作中管理和激励他人的能力。

知识不能改变命运，但能力可以改变命运。对资产不多的年轻人来说，最优的投资要投到自己的能力上。在所有可控性要素中，只有能力的增长能带来自我价值的指数级增长。

而学习能力是所有能力的元能力。

三、追问和反思

苏格拉底说，未经反思的人生不值得度过。

并不是所有的经历都是经验，也不是所有的经验都是智慧。如果不加以明觉精察，不进行反思、总结，那经验就不可能变成智慧。

大卫·库伯[1]认为，经验学习过程是由四个适应性学习阶段构成的环形结构，包括具体经验、反思性观察、抽象概念化和主动实践（图 2–4）。具体经验是让学习者完全投入到一种新的体验中；反思性观察是学习者在停下的时候对已有的体验加以思考；抽象概念化是学习者必须达到能理解所观察的内容的程度并且吸收它们，使之成为合乎逻辑的概念；到了主动实践阶段，学习者要验证这些概念并将它们运用到策略制定、问题解决之中去。

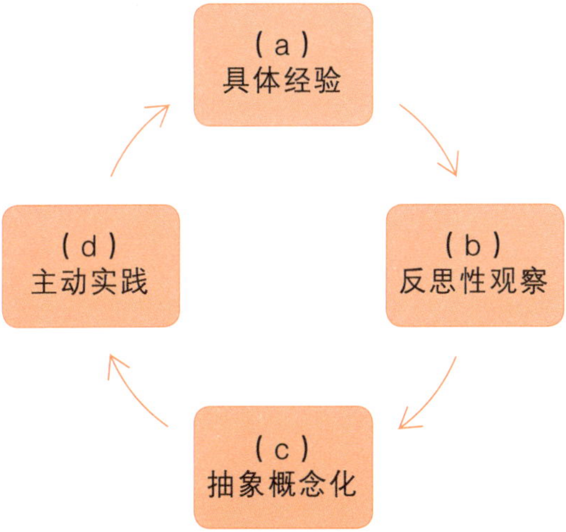

图2–4

[1] 大卫·库伯（David Kolb，1939— ），美国社会心理学家、教育家，“体验式学习”理论倡导者。

在“内化和应用知识”部分我们介绍了便笺法，把它改进一下，就得到了“追问与反思”的步骤，形成“库伯学习圈”：

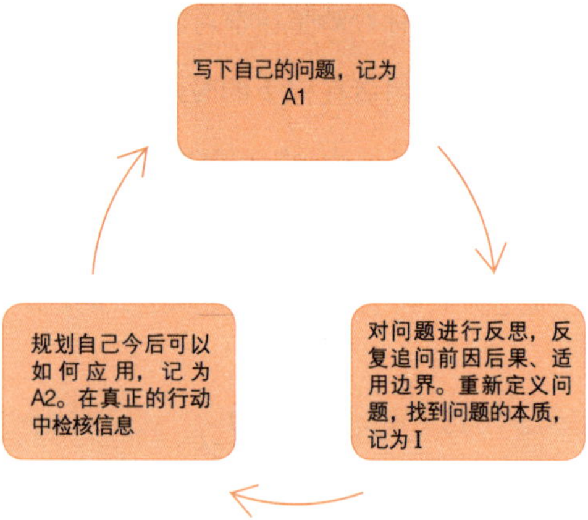

图2-5　库伯学习圈

在真正的行动中检核信息，然后发现新问题，再去反思，如此形成循环。

追问和反思经验，在经验中学习的要点如下：

A1 部分用来描述自己的相关经验。一定要是自己亲身遇到的问题，不能是想象的问题、理论的问题，或者未来可能发生的问题。问题最好是紧迫的、比较重要的，因为解决无关痛痒的问题很难带来真正的学习。问题描述要尽可能简短。没必要进行过多分析，用几句话简要描述就可以了。

I 部分用来重述信息、澄清问题、理解问题、找到根源，从而重新定义问题。当在便笺 A1 写下问题时，一定不要急于寻找答案或者采取行动。一定不要直接从 A1 跳到 A2，因为同样是自己的经验，在读书时想到的和在解决问题时写下的有着本质的区别。未经反思得出的假设、前提或标准往往是含混、片面或完全错误的。

未经反思的经验都是不可靠的，未经追问的问题不是真正的问题！

与第二部分“分析和整理信息”类似，对自己提出的问题要追问“前因后果”和“适用边界”。

在写 A2 的时候，要注意目标性、行动性、关联性、可控性。

考虑目标的时候，要想到问题解决到什么程度、达到什么效果能够令你满意。这样的话，你在 A2 中写下的行动或者应用，都是为了拉近现状跟目标状态之间的距离。

另外，尽可能要求自己在便笺 A2 写下一个以上的行动方案。因为有多个备选的方案会大大增加获得更好结果的可能性。到了最后再综合考量每个方案的现实性、可执行性、成本和收益，根据可控性的要求锁定具体行动。

四、分析范例

我在参加某训练营课程的时候，老师曾给过一个分析范例：

用 A1 描述自己的相关经验：

大专学历，五年工作经验，感觉无法突破技术瓶颈，因为英语底子太差，无法阅读最前沿的技术文档。手机上虽装了一个“新概念英语”的 App 和背单词的软件，但还是觉得自己的英语水平提升很慢。

下面对这个问题进行“前因后果”的追问：

——为什么学英语对我很重要？

——英语本身对我不重要，重要的是很多前沿技术文档都是英文的。

——是怎么出现这个问题的？

——工作上越来越频繁地需要阅读英文文档。

——都有哪些关于原因的假设呢?

——1. 英语底子差;2. 工作忙,加班多,能用于学习的时间少;3. 没有能够指导自己的人。

——有其他人能帮我思考,给出更多选择或可能性吗?

——我该去问问技术大牛,看看他们能不能给我一些建议。

——若这个问题解决了,最好的结果是什么?

——我的英语水平提高了,技术能力会提升,也可能升职加薪。但是我们公司好像不是很看重技术,技术岗位机会比较少,升职只是有可能,而且可能性也不大。

接下来对问题的假设进行“适用边界”追问:

——有没有人会不同意我的假设?有没有不符合这个假设的实例?

——这个我不清楚。我有必要去了解是不是每个技术专家的英文能力都很强。

——要解决这个问题，需要具备哪些条件？

——就我这个底子，即使只是到流畅看技术文档的水平也需要投入太多的时间和精力。

——这件事可以用其他方式来完成吗？有没有可供借鉴的情况？

——如果我有机会定期参加技术培训也许会更好。可惜，我们公司很少安排学习机会。我有一个朋友在腾讯，他们参加学习和交流的机会都很多，我估计很看重技术的公司都会很在意技术岗位员工的成长、培训等。

——和我的思路的真正区别是？

——真正的区别在于我的公司很少有学习机会，技术专家也没有多少晋升的空间。

I：我怎样找到并进入一家能提供更多学习机会和成长空间的企业？

你会惊奇地发现，你通常认为需要解决的、最近一直很困扰你的问题，经过反思、追问，大部分都会被重新定义。

A2：一周内约 ×× 喝咖啡，请教他的成长之路和学习方案。一个月之内收集两家目标求职公司，以及两家用于练手的面试公司的信息……

综上所述,在经验中学习,最难的是寻找“追问”的不同视角。

经验经过反思和追问可以转化成信息，信息经过分析和整理可以升华为知识，知识经过联结和实践会内化为能力，实践带来新的经验，阅读带来新的信息，反思带来新的知识。如此不断在体验和反思中循环，就达到了知行合一，产生了学习之道。

打造自己的“可迁移能力”

空白女侠

你有没有遇到过类似这样的状况？之前在医疗器材行业的某高管突然“空降”，来到了你所在的公司成为执行总裁，而你的公司却是做快消品行业的。甚至还有这样的事例，曾经的英语老师突然去了某家公司做政府关系部经理——你肯定很疑惑，为什么他们可以跨行业、可以跨职业呢？带着这样的疑问，我们来展开接下来的话题。

仔细想来，距离我转型做咨询顾问已经一年半了。在最开始做出这个决定的时候，我身边很多同事和朋友都感觉很诧异。在大家看来，你换个公司做程序员或者数据科学家是很 OK 很正常的，但现在简直就是重新换了一个行当啊！一点经验都没有，你去做咨询顾问靠谱吗？

实话实说，在做出这个决定之前，我对自己是很有信心的。众所周知，IT 从业者最喜欢的是追求新技术，很多人工作之余都会学习各种框架、语言、算法。虽然我平时也喜欢钻研一些技术问题，但我更关注另一个方面，那就是工作的通用能力，俗称“可迁移能力”。因为我知道，技术可能会过时，但“可迁移能力”永远不会。在这方面所具备的足够信心，促使我迈出了职业转型的坚定步伐。

那么什么叫作“可迁移能力”呢？平时又应该如何培养呢？下面就听我来给你“掰扯掰扯”。

我给“可迁移能力”下的定义是：与工作所需专业技能无关，更多是为了帮助工作更快更好地完成的能力。我自己把它分为沟通表达、事件分解和快速学习三个维度。

看到这里大家可能会说了，你说的这些好像都是“辅助”能力啊，它们有这么重要吗？是的，重要，非常重要！其实职场里的职业看起来五花八门，但这三个维度的能力却是通用的。从人力资源顾问转型做财务，从技术人员转型做管理，从机械工程师转型做数据分析师，这些看似跨度极大的转型，背后所需的“可迁移能力”却都是通用的。很多人转型不成功，往往不是因为专业技能这样的“硬核”能力不行，而恰恰是可迁移能力不足导致的。

那么，“可迁移能力”具体包括哪些方面？

可迁移能力之一：沟通表达

我们可以参看著名的“巴别塔”的故事——远古时代人类想联合起来，共同造一座高耸入云的巨塔。为了阻止人类的计划，上帝便让人类说不同的语言，最终由于语言不通，人类的计划失败了。由这个故事，我们不难想象语言沟通的重要性，但这并不意味着只要攻克了语言不通的难关，人与人之间就可以实现顺畅沟通。很多时候，我们和他人沟通不畅不是因为语言不通，而是没有掌握沟通表达的内核。

在人类的沟通表达中，语言仅仅是一个工具。要想通过语言进行高效的沟通，不但需要表达者能够做到体系化、结构化、条理化，更需要接收者具备一种能够提炼出语言背后的真实意图的能力。这绝对不是一件简单的事情。

举个例子：一个领导给某个下属分配工作，这个下属的回应是：“A 总，我最近一直在忙内部管理流程的梳理，这件事情公司高层特别重视，做起来又比较复杂，很花时间，所以您安排的这件事情我可能没有足够的时间去做。”

如果你只认为这个下属没空做这件事，其实就没有充分理解下属表达的问题核心，这段话至少包含以下信息：

- 该下属最近忙于内部管理流程的梳理。
- 该下属觉得这项工作比你安排的事情重要。
- 该下属做起这件事来很吃力，需要帮助。
- 不是该下属不愿意做，而是实在有心无力。

所以，如果听懂了下属的话，领导应该这样回复："我安排的这项工作对公司来说也非常重要，我仔细衡量了一下，由你来做最合适。内部管理流程的事情我让 ×× 协助你，还是由你来主导，具体落地执行让他帮你。最近一段时间整个公司都会比较忙，可能要辛苦你了。"

这个回复主要体现了以下信息：

- 领导安排的事情也非常重要。
- 这件事该下属是最擅长的，领导对下属这方面能力很认可。
- 领导明白该下属的难处，做出了管理调整帮助减压。
- 领导的决定已经下了，不容推托。

怎么样？复杂吧？小时候常听老人说，说话这事儿要学一辈子，当时自己还不理解，现在终于懂了。

我自己在锻炼这方面的能力时采用的方法比较多，主要有以下三种：

1. 和不同的人多沟通

很多人喜欢和别人聊天，但只是把聊天当作打发时间的娱乐。而我和别人聊天，多是为了熟悉不同人表达思想的方式。在和别人交谈时，我的脑子能高速运转，会结合上下文理解对方的表达目的；而到我自己说话时，我也会充分思考，尽量用最少的话语表达出最多的想法。其实不怕大家笑话，有时候我还会和自己对话，我觉得这种方法也挺好用的（虽然看起来有点神经兮兮）。

2. 多阅读

汉语词汇丰富，不同的词，即使只有一字之别，隐含的意义也大有不同。比如，“× × 同志很坚强”和“× × 同志很坚定”，两句传达的信息就大不一样。前一种表达暗示这位同志经历了一些打击和挫折；而后一种表达则透露出这位同志可能经受住了某种诱惑的考验。通过阅读，充分理解每一个字和词的含义，对锻炼自己正确理解别人表达含义的能力是非常有帮助的。

3. 多写作

不知道大家有没有这样的一种感觉，一个意思自己能说出来，但写就不行了。写作其实也是锻炼自己表达能力的一种很好的方法，和阅读是一体两面的。

可迁移能力之二：事件分解

这个能力，本质上是一种分析和解决问题的方法。比如我们面对这样一个问题：赚的钱不够用了如何解决？大多数人可能脑子里会直接蹦出自己最擅长的方法：有些人回答多赚钱；有些人回答要省钱；有些人回答向父母借用一些等。但这都是一种近乎"不假思索"的反应，不是对这个问题正确的解决方式。

那我们真正应该怎么做呢？简单来说，我们首先需要对问题进行分解，找到这个问题的本质（市面上也有很多分析问题的路径方法，像鱼骨图、MECE 分析法、金字塔原理等，可作为参考）。

先分析赚钱的情况：

工作 2500 元 / 月；兼职 0 元 / 月；理财 0 元 / 月；家人资助 0 元 / 月；

再分析花钱的情况：

吃饭 1500 元 / 月；租房 1500 元 / 月；交通 50 元 / 月；水电 100 元 / 月；服装 50 元 / 月；其他日用品 100 元 / 月；娱乐 200 元 / 月；

每月结余：-1000元/月。

接着分析每项收入的用时和增长情况：

工作：每天8小时；每年涨薪500元/月；

然后分析每项开支的变动情况：

吃饭：物价按每年上涨10%来算，涨150元/月；

租房：房租按每年上涨10%来算，涨150元/月；

交通、水电不涨；

其他日用品不涨；

服装和娱乐……

最后分析解决或缓解财务压力的方法：

兼职：擅长什么，可投入兼职的时间，兼职的前期投入，兼职的收入，兼职的风险……

理财：……

以上所举的例子，可能和你的生活水平不太贴近，但我想说的是关键在于培养一种思维，即通过将问题不断分解，最终找到一种根本的解决方法，而不仅仅只是通过经验来做出直觉性判断。

可迁移能力之三：快速学习

我们从小受到的教育是体系化、结构化的，但每个人的学习方法都不一样。比如就我个人来说，我比较擅长通过和别人沟通交流来学习，在和人聊天的时候就把东西学会了；而有的人则是擅长看书自学（我对此类学霸佩服不已）；有的人喜欢在实践中学习；还有的人喜欢体系化的线下授课，等等。因此，你需要根据自己的学习特点，找到一种让自己可以快速掌握知识的方法。

选择何种方法千人千面，如何找到适合自己的学习方法呢？跟大家分享一点我个人的经验吧。

每个人都有自己的爱好，有人喜欢打球，有人喜欢玩游戏，有人喜欢购物（购物也算，真的）。就从你的爱好入手，首先想想如何发展这项爱好。比如打球怎么样可以打得更好；游戏怎么样可以玩得更棒；购物怎么样可以更省钱（学会记得教我），等等。其实这个过程就是督促自己学习的过程，但由于学习的对象是你的爱好，所以你不会觉得反感和枯燥。就拿购物凑整打折来说，有的人会上网看攻略，有的人喜欢把所有优惠记录下来自己算（没错，就是我），有的人喜欢加入购物群听取别人的经验……你看看自己喜欢哪种，以后学习的时候用同样的方法就对了。

讲了这么多，大家不要以为“可迁移能力”只是职场里面需要的。其实每个职场都是小社会，可迁移能力提高了，你在日常生活中也会更加得心应手。

写作的要点：选择高效的表达句式

程毅南

逻辑分析能力的重要性不言而喻，学会表达自己的观点，把复杂的东西讲清楚、讲简单，甚至讲得有意思也是一门相当高深的学问。“看懂别人的逻辑”和“产出自己的逻辑”是不一样的思维过程。

鉴于此，我开门见山地提出本文论点——日常写作（非艺术类写作）的要点为“简单明了”。

为什么一定要简单明了？

从心理语言学上讲，语句从大脑中产生的过程是这样的：

- 有一个想法（一些概念）

- 形成一个表达想法的逻辑（想法中的主动被动、肯定否定，即概念元素之间的关系）
- 选择句式
- 填入合适的词
- 如果是说话，就确定发音；如果是写字，就确定字形或拼写

大部分写东西写得不太好的人，问题都出在前两步，尤其是第二步。这两步简要地说，就是“想好了再说”。你要知道自己想说什么，才能把话说清楚。有很多人在说话和写东西前，自己的逻辑还没理清，你能指望他说出来的东西有逻辑吗？

如果把这篇文章的写作看成是一个表达过程，那么我在下笔之前，首先需要想好我要表达的想法是什么。我很清楚我现在想要表达的是“写东西要简单明了”，想清楚了之后，我才开始动笔，找论据，想文章结构。如果你只是有一些杂七杂八的碎碎念，无法形成一个清晰明确的想法，那么你自然无法写成一篇有明确主题、逻辑清晰的文章。

其次，句式的问题。常常有英文老师说，很多中文水平一般的人，英文也不好，其实有一定道理，因为中英文在前两步“想法形成”阶段是共通的，到了“选择句式”阶段，中文、英文或

其他语言，也都在考验同一种能力（同时也是表达逻辑能力中的重要一环）——选择高效的表达句式。

我们母语是中文的人在说中文时可能感受不到“选择句式”这个步骤，但在使用英语的时候，整个步骤就体现得非常明显了：是用主动句还是被动句？是用简单短句还是复杂从句？英语写作中还有一个流毒甚深的观点——写东西句式复杂才体现写作水平。

大错特错！

写东西的目的是什么？让别人看明白。怎样才能让别人看明白？简单明了。

你在写中文的时候，也只有凑字数和糊弄人的时候才会绕圈子写东西，不是吗？这么简单的道理大家都懂，可一写起英文来就开始想着“我要加分，我要秀语法，我要看起来很牛”，结果往往你硬加上去的东西，都是生硬的、不连贯的，甚至脱离了原句的本意。

我并不是说，只能用简单句，必须惜字如金、言简意赅。所谓“简单明了”，其实是说，在表达完整意义的同时，尽量简洁。句式都是为表达想法服务的，所以，如果你要表达的想法很复杂，就可以考虑用复杂句式，因为这会让你的逻辑层次清晰，意指明确，比如使用只要……就……、因为……所以……、虽然……但是……等句式。但是如果你想表达的想法很简单，那么你根本没必要把它变复杂，甚至很多复杂的想法也可以提炼一下，让它们变得简单。这样你的想法显而易见，你的表达重点突出，别人就很好理解。

如果我不说“写东西要简单明了”，而是说“虽然语言优美繁复是一种艺术，但是简单明了同样也是一种艺术”，是不是就显得很啰唆，重点不突出？

那么，锻炼表达逻辑的方式是什么？

最简单的方法是：复述。你从别的地方看到一个东西，比如教科书上的一个知识点、别人的故事、一场精彩的讨论，你看明白了，好，你就讲给别人听，看看能不能让别人也明白。

这个过程考验到的能力有很多，如提炼重点、排列观点的次序、分清逻辑的层次、记忆（足够大的记忆空间和知识储备对表达也很重要，这意味着你可以在短时间内调集足够多的概念元素，帮你选择一种高效精确的表达）等。复述别人已成形的、完整的、有道理的论述，比自己瞎琢磨说什么要高效得多（很多经验丰富的教师，都具备把复杂的知识点讲得简单的能力，道理相类）。同时，复述会不可避免地要求你多读书，知识储备的增加也可以提升你的谈吐。

更高阶的锻炼方式，我认为是翻译。在复述的时候，因为使用的是同一种语言，所以可以套用与别人相似的句法和结构，但在翻译别的语言时，句法和结构就不能套用了。一旦套用，会显得很生硬，很不流畅。

也就是说，用不同语言复述，你就必须从语句生成的第三步开始，自己来挑选一个高效的表达句式。这比之前同语言的复述，更加考验逻辑能力。

如果能熟练地将你读到的外文转换成中文，甚至能把中文流畅地翻译成外文，不仅说明你两种语言的运用能力已经很不错了，更说明你整体语言逻辑的运用已经非常流畅了。

“能说会道”是可以修炼的

空白女侠

如果你问我，职场中最关键的能力是什么？我会果断地告诉你：表达能力。

那么，为什么表达能力在我看来如此重要？

在职场中，你要做到的不仅是脑子里有新的思想或见解，更重要的是在同事、领导、客户面前把它们清晰准确地表达出来。工作中只有行动往往不够，你还要学会用自己的语言去感染、说服别人。站在聚光灯下的职场精英人士，鲜少有表达能力欠缺者。

我们每天都需要使用语言作为沟通工具，但有些人“妙语连珠”，有些人却“词不达意”，这便体现了“语言智力”的差异。

什么是“语言智力”？语言智力是运用语言进行逻辑思辨、

思想表达、人际交往等行为的能力。良好的语言能力并非与生俱来，人们可以通过后天的学习不断打磨提升。在人的各种智力中，语言智力是第一种智力。从牙牙学语算起，说话交流是人类掌握的第一能力。小到婴儿用哭喊来表达自己“饿了”的诉求，大到国家领导人之间用对谈解决国家大事，表达能力在人的一生中占据着极其重要的地位，是人们发展事业以及社交所需的核心能力之一。

表达能力的运用有一个必要前提，就是具备一定的理解能力。只有足够理解别人的话，你才能更好地回应对方。故而我把“表达能力”及“理解能力”合起来，称为“交流能力”，这是一种双向的能力。

那么，如何提升我们的交流能力，让交流能力成为助力我们社交及职业发展的技能呢？我把提升办法总结为以下三个步骤：认清本质，理清问题，提升能力。

一、认清“交流”的本质

谈起如何提高交流能力，很多人一上来就开始讲方法、说套路，却很少有人分析一下“交流”的本质是什么。在我看来，“交流”的本质是向他人传达信息的过程。读过刘慈欣《三体》的人应该会有印象，小说中的“三体人”是通过“阅读”其他三体人的“脑电波”来交流的，这是一种十分高效直接的交流方式，也不会引起信息传达中的丢失或失真。而人类的交流方式对三体人而言就复杂得多，整个过程参见下图：

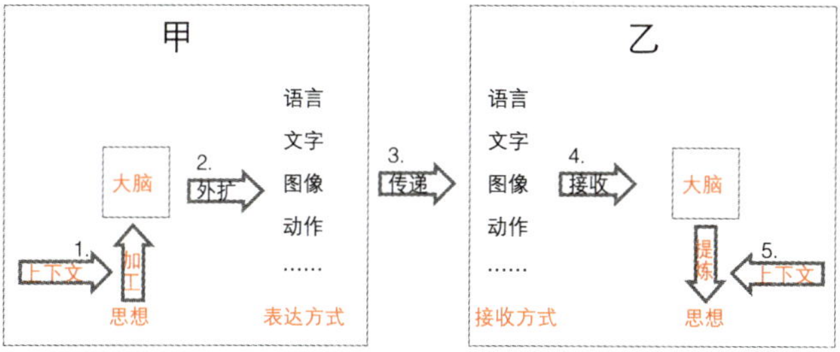

图2-6

如图所示，一次交流就包含 5 个步骤，其中只要有一个步骤出了岔子，交流就会不畅。

二、理清交流中容易出现的问题

在认清“交流”的本质后，要提升交流能力，就需要了解交流过程中最容易出现的几个问题点，然后再去考虑对应的解决方法。如果能认识以下几个问题点并加以思考解决，提升交流能力就是轻而易举的事情了。

问题 1:“上下文”没对齐

所谓“上下文”通常是指双方在沟通一件事时的共识，这个共识包含基本常识、基本的推导逻辑以及沟通时的前置信息。

比如下面这句话：小明是一个连房子都能随便买的人，怎么会买不起一辆自行车？

这句话看上去没什么特殊的，但却至少包含了以下“共识”：

基本常识：房子比自行车贵。

推导逻辑：因为房子比自行车贵，而小明能随便买得起房子，所以小明买得起自行车。

如果对话的双方没有以上的共识，这句话的接收方就完全无法接收到发送方的信息，从而造成沟通不畅。

同理，沟通时的前置信息对理解对方的意图也是非常重要的，我们看下面这段情侣间的对话：

女：“你怎么这周都不接我电话啊？”

男：“我工作很忙啊，实在是抽不出时间。”

女：“哦，那作为补偿你要给我买个包包。”

大家想想，如果抛去前面的两句话，女生直接说出第三句是不是非常突兀？

日常交流过程中，很多人感觉沟通不畅都是因为“上下文”没对齐，而其原因又可以细分为两种：

① 基本常识没有对齐。比如下面的对话：

A：“听说你最近一直在找工作，进展怎么样？”

B：“嗯，找到了，准备去‘修福报’。”

不是互联网圈的同学看到这个对话应该感觉很蒙吧？这就对了！因为B回答中的“修福报”是有典故的（不知情者可浏览“996是福报”的相关新闻）。如果对话双方的基本常识没有对齐，A很可能听得满头雾水。

一般而言，要避免这种情况，只需要注意聆听者的知识背景即可，若想实现顺畅沟通，可以尽量用一些比较常用的词，比如上面的对话就可以换成：

A：“听说你最近一直在找工作，进展怎么样？”

B：“嗯，找到了，准备去阿里巴巴上班。”

这样的表达就降低了对聆听者要具备的基本常识的要求。

② 推导逻辑没有对齐。比如下面的对话：

小明妈妈："你写作业的时候不觉得距离桌子太远了吗？"

小明听完以后把屁股向着桌子挪了挪，说："好了。"

小明妈妈："懒死算了，把凳子往前挪一下不行？"

在这个场景里，小明妈妈说这番话是希望小明把凳子往前挪一下，而小明的逻辑是距离书桌远就把屁股向前靠一靠，并不用移动凳子。正是因为这个逻辑的差别，让信息领悟发生偏差。

其实在日常沟通中，因为推导逻辑没有对齐发生的沟通障碍占据大多数。究其原因是因为不同的人思维逻辑往往不同。作为表达者，如果为了追求效率，略过了阐述自己认为理所当然的逻辑这一步——这种情况也就是所谓的"逻辑跳跃"，此时聆听者就必须自行填补这部分的逻辑空白。一旦双方的推导逻辑不相同，就会引起沟通不畅。

要解决这个问题其实也很容易，就是作为表达者的你，要把推导逻辑一步一步详细表述出来，让聆听者能够按照你的表述理解你的想法。

市面上很多教读者如何表达的书都是基于这样的原理（可惜

其中的大部分只知其然，不知其所以然）。我们具体举一个例子来看看：

A：我推荐小明同学参加校三好学生的评选。（观点）

论点 1：他学习成绩优秀，过去两个学期在全校的排名都在前 10 名。（论据）

论点 2：他坚持锻炼身体，并在校运会取得了男子 1500 米比赛的第三名。（论据）

论点 3：他品德优秀，在班级内担任学习委员，积极辅导同学课业，同时还参加了三次学校组织的对孤寡老人的帮扶活动。（论据）

（以上三点为推导过程）

基于三好学生的评选标准，小明同学应该获得三好学生称号。（推导出支持观点的结论）

由于这段话包含了完整的推导逻辑，所以聆听者可以完全按照这一套逻辑推导出一样的结论。这就避免了因为逻辑填充而引起的沟通问题。

问题 2:“表达方式”选择有误

在分析这个问题前，我们先看一段“卖身契”：

> 我唐寅今十六岁苏北人氏身家清白素无过犯只
> 为家境清贫卖身华府充当书童身价报五十两自
> 秋节起暂存账房三年后取从此承值书房每日焚
> 香扫地洗砚磨墨等事听凭使唤从头做起立此为据

没错，熟悉的同学应该已经发现，这就是周星驰版《唐伯虎点秋香》中的卖身契，也是一篇藏头文。从上到下四行，每行的第一个字连起来，传达出一个信息——“我为秋香”。唐伯虎就是用这篇藏头文将自己卖身进入太师府的目的“堂而皇之”地写在纸上。然而因为“表达方式”的问题，对方一直都没有发现。

除了藏头文这种有意为之的“小把戏”外，现实生活中常常发生的“表达方式错误”主要为三种：

① 表达不当

比如：“这个叛徒真是死得其所。”

“死得其所”意为死得有价值、有意义，是一个褒义词，用在“叛徒”身上会让人觉得前后矛盾。

此类表达不当，虽然不至于影响交流，但容易让人感觉别扭，而且会让人觉得表达者“没文化”。所以在日常表达时，还是要特别注意表达得当。

② 沟通方式不当

比如，汇报或者演讲时，如果只是靠语言，很难让听众或观众长时间集中注意力，且很难让人抓住重点，这个时候加上适当的图片和文字（没错，就是 PPT），会更加容易表述清楚，也更容易抓住观众的注意力。

选用合适的沟通方式能够起到事半功倍的效果，但这点往往被忽略。

一般来说，语言适合用来表达简单、零碎的内容；图片适合用来呈现复杂的内容；肢体动作可以辅助表达情感；文字适合传达体系化的表述和信息。

有时基于特别的场景，还需要将多种表达方式混合在一起使用。

③ 表述含混不清

比如，一个男生向女生表白后，女生回复说：“我觉得我们之间还有些距离。”

就这句话来说，女生到底是接受了表白还是拒绝了呢？

这句话可以理解成女生对男生的鼓励：“你我之间就差一点了，你要努力哟！”也可以理解成女生对男生的婉拒：“我们之间还是有距离的，不合适。”

有些时候，我们在表达时是需要故意模糊一些。但大部分时间，我们还是需要清清楚楚地把自己的思想表达清楚。所谓清晰的表达就是指没有歧义的表达，即表达的内容只会让人解析出一种目的。

还拿上面的例子来说，如果女生用“我愿意”或者“我不愿意”来回答，会使得表达清晰明了。（当然女孩子还是很害羞的，所以回答这种问题一般会比较委婉。）

问题 3：交流的时机、场景选择有误

说到这个，我再给大家讲一个故事：明熹宗爱好木工，太监每次都挑他正忙得不亦乐乎的时候汇报奏折。结果熹宗非常恼怒，说道：“以后这些事情不要来烦我了，你们自己看着办吧！”于是太监就通过这种方式绕开皇帝执掌朝政。

要知道在交流时如果传递信息者所处的环境不对，会严重影响交流效果。这个例子中，太监就是利用这个方法取得了执政权。虽然是一个反例，但也证明了传递信息时环境的重要性。交流的

方式和交流的内容等都需要基于传递信息的环境进行相应调整，才能取得最好的效果。

再举一个例子，在咨询界里有一个非常著名的交流方式，叫作“elevator speech”（电梯演讲）。顾名思义，就是说在身处电梯里的 20 ～ 30 秒时间内，通过“交流”（主要是表达）来高效传递信息。

我就有过一次“电梯演讲”的经历。当时正处于一个项目的关键时期，客户内部对后期的咨询方向有分歧。我作为项目的负责人，需要向项目的核心决策人陈述我对接下来工作的想法，说服他支持我的决定。然而一方面决策人工作非常忙，我一直约不到；另一方面，项目时间非常紧张，需要尽快明确结论，于是在得知决策人某天会参加一个会议后，我就等在会议室外，希望利用他乘坐电梯的时间达成目标。

虽然我的最终目的是陈述工作想法并说服决策人支持我的决定，但考虑到他乘坐电梯时间短且周边环境嘈杂，肯定没有时间让我慢慢汇报，于是我将自己的目标定为“给自己争取一次汇报机会，并尽可能令他接受我的观点”；并且由于时间有限，我决定先罗列该项目对决策人的影响（利益关系），然后表述目前项目的问题，最后争取汇报机会。

整体的演讲内容是这样的（抛去寒暄部分）：

“这个项目不但影响到下半年部门的发展方向，更决定了公司全年利润目标是否能够达成。然而，各参与方对项目后续的发展意见相左，难以统一，项目几近停滞。我就这些问题做了详细分析，并且梳理了几个可选方案，您看最近是否有时间让我和您汇报一下？”

大家不要看这段话短，但在电梯的时间也就将将够把这段话说完。最终，这段电梯演讲为我赢得了一次汇报机会，更重要的是，我在不占用决策人工作时间的情况下，简明阐述并让他初步接受了我的观点，从而使得项目在决策人拍板之后得以顺利进行。

总体而言，很多人对“传递信息”这一环节中时机、场景的选择往往都不是很重视，这也导致了很多无效沟通甚至是负效果沟通。所以大家在这点上要多注意，避免踩坑。

三、提升自己的交流能力

要说起如何提升交流能力，方法是非常多的，但要因人而异。在我看来，比较通用的方法有三点，这里分享给大家。

第一，提升交流的意愿。

没错，我说的是交流的意愿。在我的经验里，并不是每个人都有和别人交流的意愿（比如很多腼腆的“程序猿”，因为我曾经是“程序猿”的时候就不愿意交流）。如果没有意愿交流，想要提升交流能力就是笑话。很多人喜欢一个人安安静静地待着，坚守在自己的舒适区。但是在当今分工如此精细、人与人协作如此频繁的社会里，交流能力已经成为个人非常关键的能力，它会影响你的工作、生活乃至整个人生，所以主动提升自己交流的意愿是至关重要的。

就拿我自己来举例。我是一个技术女，曾经最喜欢的事情是戴着耳机、听着音乐、写着代码，如无必要，几乎不与周遭的同事交流，也不敢同他们搭话。但是随着工作的深入，我发现推动一件事情的完成远比写好一串代码重要得多。单纯的技术很难创造大的价值，很多价值是通过业务上的沟通实现的。这个发现对我产生了很大的影响，于是我暗暗下定决心，要提升自己的交流能力。

以前我打出租车的时候都是一个人静静地听音乐，但为了锻炼自己的沟通能力，我逼迫自己在出租车上和司机聊天；出去旅行时和其他国家的人打招呼聊天；在公司的时候主动和业务人员套近乎。在最开始的时候，几乎每次都会冷场（超级尴尬），随着持续的锻炼，慢慢找到了聊天的技巧和乐趣，最终才逐步走上正轨。很难想象，如果没有极强的交流意愿，自己怎么能够坚持下来。

第二，说话前先过脑子。

开始的时候，我发现自己说话总是说不到点子上，别人难以理解。于是，我暗自观察身边交流能力强的人，发现自己最大的问题就是说话前不过脑子。因为没有仔细地思考，所以语言组织不当，逻辑不严谨，用词不准确，给沟通带来了很多问题。大家不妨留意一下自己身边的领导或者资深的同事的语言表达，你会发现很多人说话语速并不快，而且说话的时候明显仍在思考。

举一个最典型的例子：最近频频出现且让人印象深刻的几位外交部发言人，大家可以观察他们在做脱稿演讲时的语速并不快，很多时候是几个字几个字地往出说。进一步仔细观察，就能发现他们在回答记者问题时，出口之前都做了仔细的思考。

第三，学会自己和自己对话。

要想提升交流能力，建议大家试试一人分饰两角：既做表达者，也做聆听者。

有一段时间，我每天晚上睡觉前，都会把当日和别人交流不甚满意的场景在脑子里过几遍。一方面，我会站在自己的立场重新思考怎么表达会更好；另一方面，我会尝试站在对方的立场，想想如果听到这样的表达，自己是否能接收到正确的信息。

比如我在做电梯演讲之前，就模拟了很多次。对要讲的内容，我会不断地说给自己听，并揣摩决策人在听到这些话以后的感受。大家不要觉得那几十秒说的话少，其实真的是打磨了很久以后的产物。

同时，语言的节奏、语气的重点等也都是靠自我对话不断打磨练就的。（这个方法其实在做演讲练习时也非常好用，一个讲稿通过不断讲给自己听，即把自己设想为演讲者和听众，一边模拟演讲，一边想象听众的反应，这样不仅能够提升熟练度，更能够在反复推敲中发现演讲存在的很多问题。）

在当今这个时代，酒香也怕巷子深。一个人如果自身能力很强，但因为交流短板而导致自身价值无法充分实现，无疑是非常可惜的。所幸，只要弄清楚交流原理，了解常见问题，并多多进行有针对性的训练，交流能力很容易就能得到提升。

最后总结一下：交流能力强的人一定是聪慧的，因为这背后是需要敏捷的思维来支撑的。所以大家千万不要狭隘地觉得一个人“很会说”是件不好的事，要记住，统治世界的人都是“能说会道”的。

PART 3

自我驱动

25 岁，该看清你自己了

李多余

25 岁，正处于从校园迈入社会的初级阶段，有哪些健康的生活习惯值得养成？

什么早睡早起、多喝热水、“戒糖运动”之类的“陈词滥调”就不说了，因为你十有八九做不到。

你最先要养成的生活习惯，是观察自己。

因为如果你不观察自己，上面那些所谓的好习惯就真的很难养成。

举个最简单的例子，如果你没观察、留意过自己的饭量，你就永远做不到“吃饭只吃七分饱”，减肥十有八九会失败。

而如果你从现在开始观察自己，不用一年，你就会越来越清楚，越来越了解你自己，很多问题也会迎刃而解。最重要的是，你会活得越来越从容，也越来越能把握自己的生活。

25 岁，是开始做这件事情的最佳也是最必要的时机。

下面我分三个部分来讲明白这件事，并教你如何利用工具帮助自己实现观察自己的目的。

一、什么是观察自己？

简单来说，就是通过记录，从各个方面关注你自己，从而了解自己、掌控生活。

观察的内容包括你的生理和心理状态、生活和工作等各个方面。

其实这一过程并不只包含“记录”一种行为，于我而言，保持记录习惯更是为了培养出一种持久的心理状态：即使在记录以外的时刻，也要随时有意识地观察自己。

二、为什么要观察自己？

因为这是帮助你做出一切决策、解决大部分问题的源头。

“大多数人都是不了解自己的”，你一定听过这句话，但是你真的想过自己有多不了解自己吗——

你吃多少是七分饱，什么时候会吃撑？

什么情况下会“爆痘”？吃辣还是吃甜？

每天睡多少个小时就足够了？

什么时候会心情好？喜欢怎样的天气？

什么行为可以帮助你排解压力？

什么气味是你喜欢的？

有哪些不好的习惯，需要在做事情前先提醒自己一下？

为什么讨厌那个人？

每天的时间都花在什么上了？

这些问题看似很琐碎，但是延伸出去，它们就是影响你的生活和工作的关键点。

比如，你每天从早学到晚，觉得脑子都要爆炸了，但是却越来越焦虑。你把这种情况归咎于自己太笨，但是如果你每天都对自己的时间轴做了监测，就会知道自己的效率到底是怎样的，你是杞人忧天还是真的要再提高下效率。

比如，你每天去健身房运动一个多小时，但是一个月过去了，你不但没有瘦多少，反而越来越疲惫，精神状态越来越差。可是如果你了解自己的话，也许你会选择打羽毛球或者跳尊巴[1]这种更适合你的健身方式，减肥这件事也会变得一点都不痛苦。

再比如，如果你知道自己遇到阴雨天就会焦虑，同时又知道闻橘子味香氛会让你有安全感，那你就可以在阴雨天提前给自己准备好橘子味的东西。这样，如果在这一天有重要的会议或约会，你就不会因为心情的波动而误事了。

而更重要的一点是，观察自己能帮助你形成自己的判断标准。

每个个体都是不一样的，别人成功的经验，哪怕有 99 个人复制后都成功了，也不一定适用于你。如果你不够了解自己的话，会很容易把失败归咎在自己身上，而不考虑可能是选错了方法，从而产生对自己的负面评价，这就很可怕了。

了解自己，是处理一切事情的前提。

就我自己而言，在自我观察的大半年里，我摸索到了适合自己的体重管理方式，从而可以在发胖的时候不焦虑，在需要减重的时候不手足无措。

我了解到自己吃什么、吃多少会爆痘，会长闭口，就可以在

---

[1] 尊巴（Zumba），一种健康时尚的健身课程，将音乐与动感易学的动作及间歇有氧运动融合在一起，可以达到健身减脂的目的。

嘴馋的时候稍稍满足下自己，在想要放肆的时候有个警戒线，在第二天有重要活动的时候懂得要有所克制。

我知道自己每天只需要 6 个小时左右的睡眠，起床时间超过上午 9 点就会一整天状态不好。这样我赖床的时候心里就知道，我不是缺觉，我只是赖床，从而不会超过 9 点起床，除非我想好了这一天要当个“肥宅”。

我知道了自己大致的工作效率，在想要玩耍的时候心里就有谱，也方便安排工作内容，不会再像以前一样把工作排得满满当当，之后又因为完成不了而觉得自己太“垃圾”。

我慢慢知道了自己喜欢的东西，懂得了什么事是该拒绝的。比如，当我听到那些会让我产生负面情绪的话时，我会立刻告诉对方：事情不是这样的，你不能这样说……

类似的例子太多了。

而我写这些是想告诉你，重要的不是我通过观察自己之后变得更自律了（虽然也的确更自律了），而是通过做这件事，我的心里有了尺度和分寸，从而对自己的生活有了更清晰的把握。

我依旧会放肆，会颓废，会有事情完成不了，但是我会在做这些事情的时候更从容，不会因此而责备自己，也不会因为别人的话而轻易否定自己。

因为我很清楚，我是怎样的我。哪怕慢一点，也在慢慢向自己更想要的方向前进。

另一方面，了解自己，才能帮你想清楚那个重要的问题：

你真正想要做的是什么？

这个问题向前推一步，是你真正擅长的是什么？做什么会让你产生成就感？做什么会让你开心？

如果不弄清楚这些事，你就永远找不到你的热情所在。

我不敢说不弄明白这些事就会让你无法过好这一生，但是如果说人活着一定要为了点什么的话，那“去做你真正想做的事”，应该是最不出错的答案。

对我而言，人生只有一条路，就是去做你想做的事。想清楚了自己真正想做什么，就努力去做，做不做得到是另一件事；如果没有想清楚，那就去寻找，找一辈子也无妨。

而最好的寻找办法就是观察自己，帮助自己真正了解这件事。

如果你认同上面的观点，下面的内容一定会对你有用。

三、怎样观察自己？

做好两件事：第一，用本子记录；第二，养成留心观察自己的习惯。

具体操作：

1. 买个带小方格的笔记本，正常大小的尺寸即可。

最好有大方格 + 小方格两种内页，买不到的话就小方格一种也行。推荐带方格子的笔记本是因为之后要划线分区，用起来会比较方便。

2. 每天记录以下内容：

> 体重，饮食；睡眠时间和睡眠状态；
>
> 皮肤状态（是否“爆痘”、过敏等）；
>
> 做过的运动，运动后身体的变化；
>
> 看过的书或者电影；
>
> 生病 / 处于生理期时身体的反应。

3. 在本子的一侧进行时间管理，记录做每件事的时间节点。

4. 在本子的另一侧进行任务管理（包括工作和生活）。

5. 在其余的空白处，写一些综合性的内容。比如临时的小想法，对这一天的反思，让你开心或者生气的小事，觉得有意义的观点，发现的问题，有成就感的瞬间，大宗支出，等等。

6. 其他。即其他一切你觉得会对自己产生影响的人或事，比如爱情、家人、朋友或者学习等。

下图是我去年的一页记录：

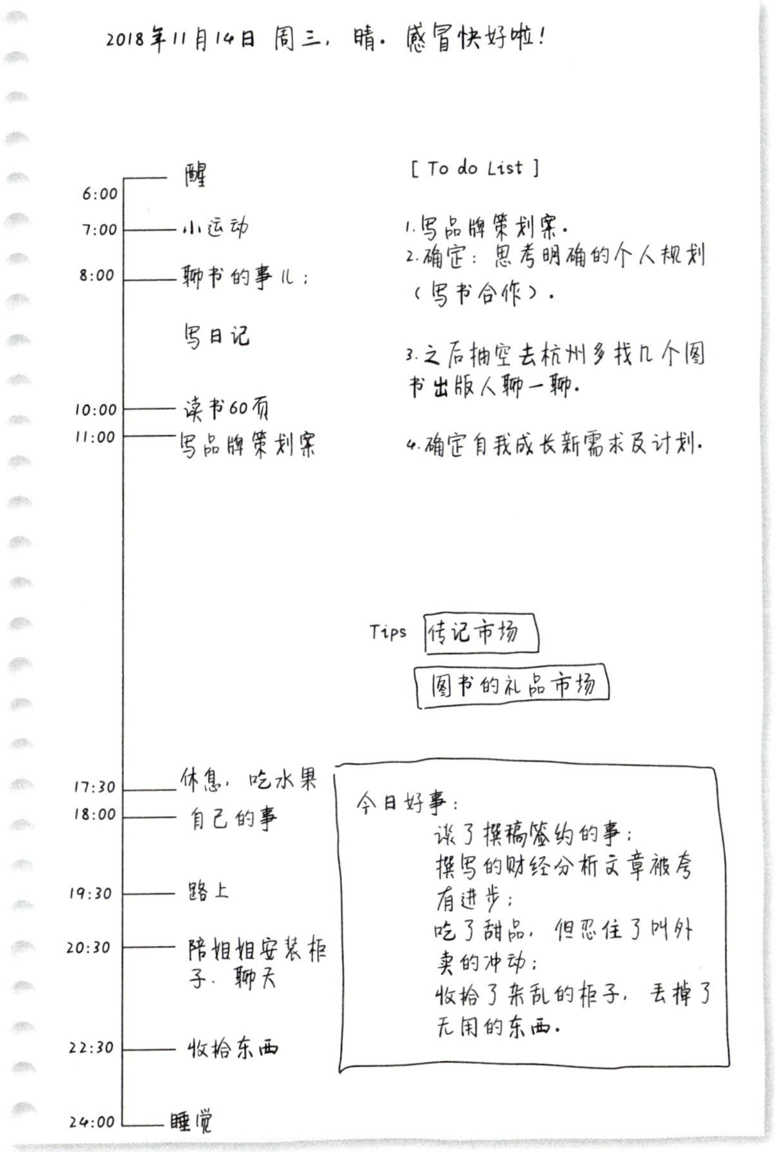
2018年11月14日 周三，晴。感冒快好啦！
6:00
醒
7:00
小运动
8:00
聊书的事儿；
写日记
10:00
读书60页
11:00
写品牌策划案
17:30
休息，吃水果
18:00
自己的事
19:30
路上
20:30
陪姐姐安装柜子、聊天
22:30
收拾东西
24:00
睡觉
[To do List]
1.写品牌策划案。
2.确定：思考明确的个人规划（写书合作）。
3.之后抽空去杭州多找几个图书出版人聊一聊。
4.确定自我成长新需求及计划。
Tips
传记市场
图书的礼品市场
今日好事：
谈了撰稿签约的事；
撰写的财经分析文章被夸有进步；
吃了甜品，但忍住了叫外卖的冲动；
收拾了杂乱的柜子，丢掉了无用的东西。

图3-1

关于“养成观察自己的习惯”这件事，我想再多说两句。

在你玩游戏的时候、刷网页的时候、看图片的时候、刷剧的时候，都不要完完全全沉浸进去，留个哪怕 1% 的心思观察一下自己。看到什么内容的时候会愉悦，对什么配色会有好感，看多久会烦躁，等等。慢慢留心，有喜欢的或者想到的点就用微信发给你自己。

也不用固定什么时候翻看，因为单是写几个字发过去这个行为，就足够你留下浅浅的印象了。

人生很长，不用着急，慢慢来，意识到了就是好的。

对了，我还要说的一点是，不用一次性观察太多项目，因为本子也没那么大，从最在意的几个点开始就好了。一个项目观察三五个月，其实就能意识到很多事情了。

做好了观察，才能有效地总结，才能从一件事情，或是从生活里提炼出有用的东西来。

25 岁左右开始做这件事，真的还有大把的时间，千万别把自己逼得太紧。

职场“废人”是怎样形成的

曾加

在起点无甚差异的情况下，职场“废人”是如何一步一步形成的？究其原因，无外乎以下几种。

沉溺于“轻易获得高成就感”的事情。

有意无意地寻求用很少的付出获得很大“回报”的偏方，哪怕回报是虚拟的。这种行为会提升人的“兴奋阈值”，让人越来越不容易拥有真实的成就感，而越来越依赖虚拟的成就感，陷入恶性循环。

症状轻的：沉迷于游戏（在虚拟世界中的“成功”来得更快）、某类型网络小说（意淫人能轻易获得想要的东西）。症状重甚至犯法的：沉迷于赌博（轻易获得金钱）、吸毒（轻易获得“爽”的感觉）等。

只接收“低信息密度”的信息。

只愿意接收信息密度低的信息（如不需要动脑的视频、图片，以及缺乏深度的娱乐八卦、体育新闻等），不愿意接收信息密度高、需要思考后才能吸收的信息（如课程、知识框架、分析报告等）。由于真正有价值和能让人进步的信息大多是需要思考和消化的，所以如果完全隔离了这部分内容，基本也就隔离了进步的可能。

习惯用“错位成就感”麻痹自己。

这其中包含两类行为：一类是习惯于拿自己擅长的东西和别人不擅长的东西比较，从而获得“比别人强”的错觉（如和运动员比学习成绩）；另一类是习惯于拿别人做事情 A 的时间来做事情 B，来假装自己在事情 B 上做得好（如炫耀自己在节假日做了比别人更多的工作，但也仅仅是在节假日才如此）。

过度依赖“既有可行路径”。

在工作中，习惯了一件事情的流程后再也没想过如何改进，只会机械地重复，然后还以为自己工作充实。没有提升效率的意识，也没有剔除糟粕的意识，进而重复性工作越来越多，时间消耗也越来越多，结果往往是看上去每天的确做了很多事情，实际上不仅一点进步都没有，还挤占了进步的空间。

封闭“强化学习”的通道。

在学习或接收信息的过程中，只愿意执行最简单的一步，却不愿意执行接下来更为复杂的巩固和应用流程。只听不说，只看不写，只学不练，还欺骗自己说学到了很多东西。比如，天天学英语，却从不写英语文章；再比如，天天花大量时间刷知乎，却从不写答案、写总结。而实际上，这种“浅层”的学习遗忘起来极快，有时还不如不学。

不想学习时，切记推自己一把

吴竞威

尼采曾用“酒神”和“日神”来比喻人类艺术活动的两种样式。一种是日神的“走向世界，追求成功”类的理性；一种是酒神的“走向内心，寻求超越”类的情感。从学习上来看，由于中国特殊的教育环境，很少存在只为获得个体自由、精神超越的学习。家长们送孩子们上学，除了超一线城市的一些家长确实有一些让孩子未来生活多姿多彩的需求之外，更多的家长则认为，孩子学习是为了找一个好工作、拿到更好的薪水，简而言之，就是“成功”。

“过一本线没有？能报211、985吗？要不要试试公务员考试？听说当律师钱很多，要不要试试法考？你看，邻居的孩子都出国读常青藤了……”多数家长只关注成功本身，学习只是一种手段而已。在这种情况下，要从学习本身体会到乐趣，也就是“出世”的乐趣，基本是不可能的。竞争环境太过激烈，寻求日神的竞争式快感成为国人学习的普遍选择（市面上各种三天学会、教你成功的书籍大行其道就是一个侧面体现）。毕竟，把成功当作目的、学习当作手段是再平常不过的事。对很多人而言，必须要衣食无忧，或者成为某种意义上的“成功者”，之后才有可能将学习本身当作一种目的。

只把学习当作一种工具。理解了这个“不想学习”的大背景，我们继续再来谈“如何逼迫自己学习”。

的确，多数人的多数时间里，学习是被“逼迫”的，而成就感也是从逼迫自己中产生的。被“逼迫”学习的动因，往往是能得到的奖励要大大超过自己的付出，或是学习的激励点来自学习之外——要比别人强。

很少有人能单纯从知识本身的角度迸发出学习的热情，尤其是面对艰深知识的时候。各行各业不少专家精英，也很有可能一半是因为知识本身，一半是为着让自己“脱俗”的目的而学习的。只为知识本身的学习，体现了一种“知识贵族”的态度，这一点我们也能从 Top10 大学中的很多学生身上看到。

知识无法立刻转化为权势、财富，但是人们普遍认为，接受过良好教育的人，本身所处的阶层不会低，或者说他的阶层流动性很高（即通过自身奋斗可以改变现阶层）——这本身也构成了社会上普遍崇拜“阳春白雪”而轻视“下里巴人”的重要原因。

从小学到大学，老师的追捧、同学的羡慕、学校的奖学金、公司的提拔……就连社交网络上，看见那个“V”字没有？那也是属于精英人士的专属奖励。

从来没有领受过这些福利的人，不会学习。打小就因为学习好而获得学习福利的人，会更加努力地学习。越学好越有奖励，越奖励越有动力学习，越学习越有奖励，这就是学习的正向循环。知道学习的福利之后，我们来看看三个关于学习的常识。

一、学习的有效时间和你的时间都是有限的。

你的有效时间，一天有多少呢？答案是很少很少，同时还被严重侵蚀。

社交媒体、App 上的文章、电脑游戏……这些信息本身不能称为“知识”，因为它们缺乏体系化和进阶性（下面会讲到）。花在这些信息上的时间，不能称为学习的有效时间。

如果你一天在学习上花费了八个小时时间，同时又能做到不玩手机，学习能力几乎就超过 99% 的人了。

这对已经工作的人来说，几乎等于脱产学习；对在校学生来说，非“自律性极强”者不能为也。

而开启一段“学习”之后需要了解的基础知识，若想做到熟练掌握，没有 500 小时极难做到。

比如，零基础考过日语 N2 考试，天资比较好的人也需要 500 个小时左右；如果资质弱一点，800 个小时总归没问题。

而这 800 小时，绝对不包括你上课的时候刷手机、自习的时候打游戏的时间。

想想看，如果一个人的有效时间被稀释到了原来的 50%，那 8 小时的学习时间可能就只剩下了 4 小时。如果这个人不仅玩微信、知乎，还是个游戏成瘾的人，那么有效学习时间可能会稀释到每天 1 小时。

这样别人每日学习 8 小时，花三个月就能考过的日语 N2 考试，你可能就要花个 2 年甚至 3 年。加上随着时间流逝而来的热情消退，最终往往会选择放弃。

所谓的荒废青春，就是指此类有效时间投入低到不能再低的做法。

可能你会说，×× 也每天打游戏啊，×× 各种玩也能考年级第一，通过巨难的考试啊。

首先，这种人毕竟是少数——我见过的学霸，大部分都是有效学习时间远超普通人的“学瘾者”；其次，人家可能确实某一天一直都在玩，但是总的有效学习时长，还是碾压了大部分所谓“学了两天”，却只能用支离破碎的片段时间来学习的人。

至于智商的因素，我是不相信的。很多人之所以相信智商决定论，是自己根本未曾努力过而已。确实存在智商更高的人，数量也不过占据了行业尖端的 1%。也就是说，对剩下 99% 的人来说，操心智商无助于解决问题，还失去了对自身学习能力的正向反馈。

此外，很多人放弃学习知识的另一原因是——认为知识是可以随时取得的。

学生时代，听到老师上课讲了一大堆听不懂的，便告诉自己不如不听，玩手机，看漫画，等下课后自己再自学算了。实际的情况往往是上课听不懂，下课也不愿意学。上课再多用一分钟就能听懂的东西，下课后花上一小时也未必能学会。

在最佳的时间内如果没有掌握知识，则可能要花比最佳时间多出十倍的时间来掌握。这就是“知识相对论”的含义。

虽然现在网络上充斥着庞杂的知识碎片，给人一种知识可以随取随用的假象，事实却远非如此——重要的并非知识本身获取的便捷性，而是充分地消化吸收知识所要付出的时间得到了最有效的利用。

时间很重要，而用来消化吸收知识的最好时期，却恰恰被很多人忽略了。

二、真正的知识没有积累到打通一关的程度，就无法进入下一关（即注重关键节点）。

只要是经历过义务教育的人应该都有这样的体验，在几门科目中，总有自己落后的一门。举个例子，假如你落后的科目是数学。究竟数学是怎么落后的呢？我们仔细回想具体的时间节点：也许是某天数学课上因为太困睡着了；也许是某天上课突然觉得数学没有那么重要；也许是请了几天假没去上课。

而问题在于，接下来完全跟不上了！由于缺了某节课，你将无法接着学习——然而你却不知道到底是哪个环节出了问题，最终归结为自己的智商有问题。

事实上，很多人以为知识学习是这样的：A → P。

你一直积累 A 点，原地打转，经过一段时间就能到达你想去的 P 点。

这和我们的生活经验相符合：我们要一把剪刀，解决办法就是买一把剪刀；我们点开一个微信公众号图文推送，它必然会传达给我们一个简短的信息。就算是你在看的这篇文章，把要点列在一张纸上，从而领悟到文章的核心内容，也是完全可以做到的。

然而现实中，只要是有一点门槛的专业知识，通常都是体系化的。所谓体系化的意思就是，你的学习路径绝对不是一蹴而就的，而是：A→B→C→……→P。要到达C点，首先你必须学会B，要到达E点，你必须先到达D。你根本无法给一个小学三年级的孩子讲什么叫微积分，甚至无法给一个只背过九九乘法表的小学生演算两位数乘除法，更不用说分数加减乘除了。

就算那个小学生懂得微积分（也就是那个P点）而被称为神童，他也是打通了从A至P的所有关键知识节点后掌握的，而绝对不是直接从A到P。如果一个人没有B的概念，就好比他连两位数加减乘除的概念都没有，他怎么可能会微积分呢？

这就是知识的体系化的含义。

而这也是前面所讲的知识相对论产生的原因——因为关键位置的知识断档了，导致整座知识大厦摇摇欲坠。要补充漏掉导致的关键知识，与此同时学校的教学任务还在推进，这就意味着你要在补缺和学新的知识中“折返跑”——别人学D的时候，你在补B，还要巩固C，最后学习D。

这就是为什么在义务教育的应试阶段，很多人如此惧怕数学，因为你错过了关键节点。套用一句文艺的说辞就是：那天天很蓝，风在吹，所有人都以为那是很普通的一天，可是从这天之后上课便开始一头雾水。

理工类知识呈现体系化，那么文史哲学科呢？其实任何知识都是这样的。只是文科更需要的是积累到一定程度到 B 点，积累到一定程度到 C 点……最终到达 P 点。这种积累上的差异，更难通过智力上的差距拉大，更多是学习方法和学习效率不同导致的。

而关键节点的概念，可是分毫不差的。

好比在生活中，如果你要去吃“寿司之神”做的料理，那么吃之前你最少要逛过 10 家寿司店，了解寿司的历史。否则，你和做足功课的人吃的可能根本就不是一种感觉的寿司，尽管都是小野二郎捏的。

因为，你吃不出寿司的价值。

所以很多人在一个计划好的时间表上疲于应付的原因在于——缺失了关键的知识节点，而进度表却不得不推进。

脱离学校的人，也许可以靠自己的内驱力把关键节点一一补齐——只是大部分人根本不知道到 B/C/D/……/P 的节点到底是什么，更别提制订计划了。

如果你能知道这种情况的严重程度就好了，也许，你能用意志力把它们补上。

三、意志力是有限度的，且意志力可能是你在学习过程中的唯一的优势。

这一节我们来谈谈意志力。毕竟你能看到这里也不容易，给你的意志力掌声鼓励。

这里我主要引用罗伊·鲍迈斯特[1]的《意志力》这本书中的相关理论，它也是我非常推荐的一本书。

这本书向我们传达的主要观点是：意志力的差距相较于智商上的差距会对人产生更大的影响，且意志力对学习效果的影响是根本性的。意志力强的学生通常学习成绩更好，职场上自控能力强的人也往往更受欢迎。

意志力拓宽了时间、效率这两个维度，而这两个维度直接关乎学习效果。

书中提到的关于意志力的几个真相是：

1. 意志力是一种生理机制

这就意味着，意志力是可以被消耗的资源。书中甚至说，意志力和葡萄糖息息相关，人一旦饿了或者累了，就很难保持注意

[1] 罗伊·鲍迈斯特（Roy F. Baumeister），美国佛罗里达州立大学心理学教授。

力的高度集中——这也是很多人加班要喝含糖饮料的原因。

另外，想想看，你在专心看这篇文章的时候，能同时思考一道数学题吗？不能。你的心智已经被占据了。

再比如，期末考试之前学生们更不注意饮食和个人卫生，因为他们的意志力消耗在学习上了，在个人卫生这些事上就很难做到兼顾。

很多夫妻工作特别忙碌，下班回家很晚，经常为了一点鸡毛蒜皮的事儿吵架。怎么让他们不吵架呢？是让他们尽量加班，减少在一起的时间吗？并不是，反而应该想办法尽量让他们早下班。越是工作忙碌的夫妇越容易为了一点小事吵架，因为他们的意志力在工作中被大幅消耗了，回家就很难再去控制自己的情绪。而换一份不那么忙的工作，或者争取早点下班，工作消耗掉的意志力就少了，回家后还有意志力去控制情绪。

承认自己不是拥有无穷意志力的超人，甚至很平庸，或许是一件困难的事。但是只有承认了意志力有限这个事实，你才会把自己有限的意志力资源花在真正有用的地方。

对我来说，曾经有段时间我把工作任务尽量往晚上拖，最终导致的结果是，忙完了其他事情之后已经到了凌晨，困意来袭，那就睡觉吧——一天又一天就是这么过去的。

2. 我们可以通过设定合理的目标、养成良好的习惯，以及自我监控等办法提高意志力

当前新媒体冲击下，人们沉浸于碎片阅读，不少人几近丧失了阅读长篇文章的能力（这里感谢各位的阅读），在这种现实情况下，体系化阅读、体系化学习便成了极好的意志力锻炼武器。

意志力是一种通用资源，可以通过训练提高。你可以通过做一些日常小事来提高意志力，然后把它用在其他事情上。

写一篇长文章是一种锻炼意志力的方法；将每日有效时间尽可能提高也是一种对意志力的练习。总之，路径上可以有所取舍，但最终的目的殊途同归——形成学习效率上的巨大优势（一旦有了这个优势，在相当长的一段时间里，你就已经不需要其他的优势了）。

这是个好消息，不是吗？

总结：学习缺少动力时，如何“逼迫”自己学习？

第一，寻找正向激励的奖励。小到在网上撰写的文章有人点赞、有粉丝关注，大到考入名校，或是拿到只有 10% ~ 20% 的人才能取得的技能证书，又或者凭借业务能力进入一家公司……要知道这些东西是带不走的，它们将成为你心里评价自我的“砝码”，给你一个“我能比别人学得好”的长期自我暗示。

第二，订立一个需要体系化的知识目标，同时做好为之投入 500 ~ 800 小时的准备，尽力让自己的日有效时间从 4 小时起步。这意味着你将真正建立起时间观念，懂得自己时间的价值，不至于花太多时间在游戏和社交软件上。

要知道，越是把时间花在自己根本感受不到价值的事情上，你的有效时间越低，效率也就越低。

而好消息是，你的竞争对手花在学习上的日有效时间很可能远远低于 4 个小时。

高效学习者最在意的是时间的价值。

第三，建立一个体系化的目标，并且明确知道关键时间点在哪里。这意味着你需要把目标分解到具体的关键节点上，并且按照步骤一步一步完成。

没有体系化的计划和执行，就意味着完不成体系化知识的学习。

第四，训练你的意志力。这是不同学习者之间存在差距的最主要原因，因为它同时影响了时间、效率两大因素。意志力是有限的，要努力不断提高它，并花在重要的地方。

有越来越多的人问我，什么才是真正的“体系化目标”。事实上，我所认为的“体系化目标”，本质是具有立体化结构的目标。

比如“健身”，其内涵不仅仅是运动，而是一个包含运动、意志力、睡眠、营养学、合理控制饮食、如何防止反弹、身体指标认识、补剂如何运用等多重因素的整体。而运动本身又分为有氧运动、高强度间歇训练、无氧运动等类别。再仔细划分，有氧训练可以通过跳操、跳绳、游泳等方式来实现；无氧运动则可以通过举重、固定器械等方式来达成。

制订健身目标，不应该仅仅是“我要运动”那么简单，而是为了达到这个目标，点亮一整棵“知识树”，知识树越成体系，就越能有效地达到目标。这些体系化目标之间，有的是紧密相连的，有的联系并不密切，但一定都与最终目标息息相关。这就是所谓的“体系化目标”了。

找准身边的聪明人

曾加

我很小就知道，自己并不是一个特别聪明的人，但由于运气比较好，高中以后我一直处在聪明人密度较高的环境中。而近两年，由于某些原因，我的社交圈开始扩张，我逐渐接触到了更多“不太聪明的人”。这些人给我原有三观带来了非常大的冲击，也令我好奇，究竟是什么样的特质，让那些聪明人显得聪明。

在这种想法的驱动下，我开始关注聪明人的特质，陆陆续续地，我总结了九条辨别聪明人的标准，如下：

一、对事物有极强的好奇心，并与同样有好奇心的人惺惺相惜。

在我看来，好奇心是辨别一个人是否聪明的“入门标准”。这里所说的“好奇心”，不是指爱八卦或者窥探别人的隐私之类，而是指，对大部分人习以为常的场景，有探究本质的欲望。

举个例子：人类在地球上生活了那么多年，看了那么多日出日落，人人都没觉得有什么奇怪的地方。

但有一个人突然很好奇，为什么太阳从东边升起，西边落下，两次日出的时间间隔又差不多？

能意识到这个问题的人，就有成为聪明人的潜质。

当然，“好奇心”是可以伪造的。有些人，为了证明自己很有好奇心（继而证明自己很聪明），总是喜欢问各种各样“不明觉厉”的问题。

为此，我在第一条入门标准中强调了这一点：真正有好奇心的人，是会和另一个有好奇心的人惺惺相惜的。

如果你看到一个人，自己喜欢问很多问题，但是在别人提类似问题的时候却显得十分不耐烦，那说明他并不是一个有好奇心的人，只是“好表现”罢了。

二、能在一件事情上极为专注。

专注是辨别一个人是否聪明的另一“入门标准”，即：专注的人未必聪明，但聪明的人必然专注。

这并不是说聪明人总能勤勤恳恳地从早工作到晚。实际上，很多聪明人并不勤奋，有些甚至十分懒惰。但无论是勤奋的聪明人，还是懒惰的聪明人，他们总能在需要竭尽全力去做一件事情的时候调动起自己全部的注意力。在这段时间内，他们能达到比常人高效很多倍的程度。

以上两条是辨别聪明人的“入门标准”，但凡是聪明人，总该具备。

而下面七条则是辨别聪明人的“进阶标准”，是聪明人容易具备的特性，若偶有几条不符合，也无妨。

三、有极强的概括和拓展能力，并善于用不同的方式跟不同的人解释同一个事件。

能用简单的语言概括复杂的事件，是聪明人的另一个显著标志。

但聪明人同样知道，无论一个概括如何精准，都无法完全避免信息的缺失。因此，他们不仅仅会概括一个复杂事件，也懂得如何去还原它——这意味着他们不仅需要拥有概括能力，且需要懂得那些缺失的信息具有什么特性，从而便于自己回溯，甚至拓展更多。

有了这两方面的能力，他就可以把一件事情用各种不同的方式描述。这使得他在面对各种关心这一事件（与事情相关度不一）的人时，可以依据对方对事件的了解水平，选择最合适的讲解方式。

四、用发展的眼光看问题，会不断修正对事物的印象。

人们总说，我们对一件事或一个人的第一印象是非常重要的。

从心理学的角度说，这句话当然是对的。但我观察后发现，在平庸的环境中，这句话几乎可以成为金科玉律，但对聪明的人，这句话却可能不太适用。

这是因为，聪明人非常乐于用发展的眼光看问题，他们相信，事物是不断变化的。除此之外，对感兴趣的事物，他们热衷于比较变化前和变化后的区别，然后思考变化的原因。

与之相对的，大部分不太聪明的人却对事物的变化十分不敏感。这可能源于他们对事物认知方式的缺陷：他们中的很多人，喜欢给一个人和一件事贴上“标签”以便于记忆，“去标签化”会让他们感到极为不适。

五、大多数骨子里争强好胜，但也愿意在事实面前低头。

什么叫“骨子里争强好胜”呢？ 就是说，虽然他们未必热爱口舌上的辩论，但在内心深处，通常总有着稳定而难以侵犯的世界观（他自己未必能感知到，但确实存在），一旦你试图动摇它，他一定会不惜一切代价进行捍卫。

事实上，他们的处世原则也往往是逻辑上高度自洽的，因为他们通常对“逻辑”有着高度的认同。这就使得，当你用无可辩驳的事实和逻辑去挑战他时，他愿意承认自己的错误。

和聪明人辩论是很舒服的，因为他们十分清楚什么状况下该认输，极少会在不占理的情况下胡搅蛮缠。

六、在讨论问题时，会提前确认好概念和立场，使得讨论更容易达成共识。

聪明人往往深知，世界上大部分无谓的争论，其本质在于定义和立场的不同。

因此，在讨论问题前，他们习惯于先去确认一些并不显而易见的概念的定义（在他们眼里，很多概念绝非普通人所认为的那样显而易见），以及双方所在的立场。确认了这些以后，讨论问题往往会变得十分轻松，双方也十分容易达成共识。

七、往往能包容事物的多样性。

比如这世上有很多反对吃狗肉的人，而这些人在聪明人之中极为罕见。

他们知道，虽然自己不吃狗肉，但对有些人来说，吃狗肉和吃鸡肉、鸭肉、猪肉并没有太大的区别，也不会对自己造成什么影响，所以没有必要去反对它。

对与自己不同而无害的“异类”的包容，从另一角度看，源于他们对自身“适应力”的自信。他们能和各种各样的人和睦相处，因此不需要通过渴望自己和别人一样来获得安全感。

这种对自身适应力的自信，会让他们在独处的时候也毫不费力。聪明的人，一定善于独处。

八、鲜见低质量的社交。

“要知道，比你厉害的人通常是懒得理你的。”这句话确实道出了部分残酷的现实。

比如，在大学里，很多人喜欢在夜里和朋友们漫无目的地出去喝酒吹牛。但在聪明人的群体中，这种情形则要少见得多。这不是说他们不近人情，他们很少这么做，是因为他们会有意识地去控制“漫无目的”的社交的时间。

聪明人往往更能感受到生命的短暂。时间是宝贵的，即使要社交，也要用在刀刃上。与其和狐朋狗友喝个一醉方休，不如和身边一些拥有特殊能力的人多聊聊天。如果暂时找不到，他们也更愿意一个人待着。

九、很少因为自己的身份产生优越感，在特定问题上能虚心向不及自己的人请教。

聪明人可能也会有优越感，但这种优越感不会来自他们的身份，而是来自他们的实力。

比如，一个考上北大的人，如果整天炫耀自己是北大的学生，他可能并不是特别聪明。因为他们这种优越感来自“北大学生”这个身份，这就意味着，他在潜意识里觉得自己的身份高于自己的真实实力。

而一个真正聪明的人，对自己的能力高度自信，这使得他不需要利用身份去证明自己的厉害。

这是一种更为健康的心态，一个足够自信的人，很少会摆什么架子，反而更愿意在特定的问题上毫不做作地虚心向不及自己的人请教。

年轻人，你的职业瓶颈期来得太早

空白女侠

一直有人向我倾诉，说自己是遇到了职业瓶颈：

“做了很久的程序员，薪资不再上涨，技能也无法快速提升。随着年纪越来越大，人生道路反而越来越迷茫。”

“我是一名运营，做了五年了，虽说工资还可以，但却感到很焦虑。”

同时他们也会向我提问：

“为什么你总是能在快要遇到职业瓶颈的时候，做出选择，突破自己？”

“从程序员到数据分析，再到咨询顾问，你每一步都走得很稳，也走得很自信，你是如何做到的？”

解答这些问题之前，首先我们要先了解“职业瓶颈”的本质是什么：你发现自己的事业不能再进步了，各方面的增长都停止了。回想曾经，在职业发展的初始阶段，你能感觉到自己以肉眼可见的速度成长，而后这种增长开始放缓，渐渐地仿佛趋近于零。面对这种变化，你肯定会感到焦虑。

先给大家讲一个发生在我身边的真实故事。

我的小学同桌，从小成绩和我差不多，都是聪明孩子（自夸一下）。

所以亲戚长辈们对我们的期望也很高，觉得我们俩一定都会有出息。

但二十年后，我们却仿佛迈入了不同的道路：一个驶上了高速公路，全速飞驰；一个拐进了羊肠小道，进退两难（这个比喻来自长辈）。

而那个岔路的起点，就是大学毕业。

就让我顺着时间线来描述这个故事：

毕业第一年：他本科是日语专业，但是在快毕业时没有好好找第一份工作，错过了诸多大公司的校招机会，稀里糊涂进入一家公司做文员。我当时很震惊，问他为什么不去日资企业，他说他错过了日企的校招时间，目前先找一家公司做着，以后有机会再找。

毕业第二年："先做着再找"的心态导致他的语言能力迅速下滑，在社招过程中，他甚至过不了日企的语言关。我让他学习 Office 软件，至少把 Excel 先练好。但是他平时没有坚持学习的习惯，满口答应后却还是只会重复工作中用到的 Excel 技巧。因此他一直只会一些简单的公式套用，连用 Excel 画图都不会。

毕业第三、第四年：因为没有任何技能，所以只有很一般的公司肯要他。但很一般的公司，总是会有一堆糟心事，他一不满意就辞职在家休息。因为他没有在好的公司任职过，也缺乏连续的工作经验，所以始终找不到一份好工作，恶性循环就此开始。

毕业第五年：这期间，他的亲戚托熟人介绍，帮他找了份在罗马尼亚做外贸的工作。他去了一年多，回来想借着这段经历换一份工作。我想既然他有工作经验了，正好可以介绍他进一家外贸公司，所以让他先测试一下英语水平，结果测出来的水平是 beginner（初学者），也就是说，连大学英语四级的水平都没达到。于是我就问他，一年半的外贸工作难道没有提升你的英语水平吗？他说没有，就会简单的几句生活用语。

我说都在那个环境了，你不需要学习吗？他说罗马尼亚日常不怎么说英语。

我继续问他，就算罗马尼亚人不说英语，工作中和你交流的人难道也不说吗？

他不置可否。

毕业第七年：他又在家待了一年。前两天我问他，你现在拥有哪些技能可以高于普通人，他说没有，很迷茫。

从小到大，我和他家庭条件相仿，学习能力不相上下。为什么我们的职场之路走得完全不一样？

他很直白地说，他“废”得一无是处，如果当初如何如何，现在的一切会不会变得不一样？

因为是从小一起玩到大的伙伴，我也很直白地告诉他：“哪儿有那么多的如果？你现在的处境是你一手造成的，因为你没有做职业规划，没有想好一条清晰的职业路径。”

想不出职业路径？你可以请教你的学长、学姐，可以请教很多已经工作的人，也可以上网搜索别人的经验。而你没有，就只等着天上掉下一份完美工作，福利好，待遇高，还轻松。这种工作确实存在，很多外企都有，但你的能力配得上吗？

我的同桌错失了无数个机会，这些机会本来是他用心准备就可以把握住的。

言归正传，若不想早早进入职场“瓶颈期”，有哪些事是你一定要清楚的？

一、提前准备，争取更多机会

1. 为什么一定要等到快毕业了才找实习？

你大可以大二、大三就开始准备申请实习。若你害怕耽误课业，可以申请暑期实习。这时，你可能又有借口，比如暑期招实习的比较少。问题是你真的认真找过吗？

我公司的实习生，从大二就开始实习。我问她影响学习了吗，她说没有，反而更积极努力地学习了，因为实习之后才知道市场的具体用人需求，了解自己未来能进入什么行业，能从事什么职业，学习路径因此变得更清晰了。

2. 为什么不提前一年就准备毕业后的工作？

最近在帮一位网友做职业规划，他明年毕业，我看了一下他的实习经历，基本为0。我问他：“你知道你未来想进入哪些公司吗？你知道各大公司的校招时间吗？你知道从哪里找寻这些信息吗？”

他一脸迷茫且没了底气，很显然是想等到快毕业了再找工作，属于典型的走一步看一步的学生。

很大概率，他会错过各大公司的校招期，等他一毕业，好的公司里好的职位早被申请满了。而如果想找好的岗位，那就只能进入一家很一般的公司。

我身边一堆这样的案例。人生的第一份工作奠定你未来的整体方向和发展高度。你一旦进入小公司，未来进入大公司的难度系数就增加了。

我问了他一句："你在名校读了这么多年，进小公司甘心吗？"我给了他一份表格，让他认真填写，指导了半小时，他的职业路径慢慢清晰了。表格中的环节包括：

- 从目标开始倒推自己的时间点，确定什么时候开始准备；
- 结合自己的专业判断自己大概率会去哪些公司；
- 了解这些公司的背景优势；
- 看这些公司今年的校招有没有符合自己专业的职位；
- 看这些职位的要求自己是否能达到；
- 针对职位要求，弥补不足之处。

不断倒推，不断补足。我相信这样做了以后，他不会再有焦虑，因为目标清晰明确，并且心中有数——如果运气好的话，可以去到哪家公司的哪个岗位；如果运气差，也可以有哪些公司作为保底。

二、运用优势，提升职场竞争力

前面写到我的同桌连 Office 办公软件都不太会用，这个情况的确比较夸张。我想问问看文章的你，除了本职工作的内容非常熟悉以外，你的简历里还能写上哪些技能？

“做事认真，喜欢学习，熟练掌握 Word、Excel、PPT。”

然后就……没了？

这样的描述在 HR 眼中是那样的苍白无力，因为绝大多数人都会这么写。

你的 PPT 写得非常好，会做各种流程模型；你的 Excel VBA 操作很厉害，会写各种自动化报表的程序；你的沟通能力很棒，擅长推动项目落地，并且曾出色地完成全部任务……

这些才是让你的简历增光添彩的内容，是你的职场核心竞争力，是公司愿意为你付出更高薪酬的原因！

同样的，还有你的语言技能、数据分析技能、文字总结能力（写一份出色的报告）等，这些都可以体现在你的简历上，但是前提是你需要真正掌握它。

三、丰富技能，拓宽职业道路

为什么说丰富技能可以拓宽职业道路，举个例子：

你精通英语，你的选择可以是外贸企业、互联网公司的海外部等。

你不会英语，你可能会优先考虑对英语水平无要求的国企、内资民企等。

你若懂得数据分析，可以选择的岗位是：互联网企业的产品经理、运营、数据分析师、市场、广告；其他企业的经营分析、财务分析、市场、数据分析、运营等。

你不懂数据分析，可选择的岗位范围就要相对缩小了。

所以如果你既会英语又会数据分析，那么你可以争取进入亚马逊、谷歌、eBay、Airbnb、微软、苹果，以及四大（指四大会计师事务所：普华永道、德勤、毕马威、安永）的咨询 & 分析部门等。

如果你只会数据分析，英语比较差，那你也可以去尝试国内所有大型互联网公司或其他民企中与数据相关的职位，如产品经理、运营、数据分析师、市场、广告等。又或者，你也能从事传统行业中与数据相关的职业。

你看，这条路很容易就清晰了，我只是拿数据分析和英语打比方，大家也可以用这个思维模式去推算拥有其他技能的你未来可以做什么。

四、学会预判，选择有前景的职业

我在将近 7 年的职业生涯中，任职过的岗位大概可以分为 3 类，确切地说，我的职业经历应该是数据工程师→数据分析师→咨询顾问（因为数据工程师需要写代码，所以我也算是半个程序员吧）。

很多人问我当时为什么选择从 DBA[1] 后台部门走向业务，做数据分析师。我想告诉大家，当时的选择是我主动做出的。因为在我看来，一切与业务紧密结合的岗位，都有前景和“钱景”；并且我认为，当时的公司很需要这一块的人才，来架起业务与 IT 之间的桥梁，从而实现公司业务增长，哪怕只是帮助高层做决策，也是可以直接产生价值的。工作价值的提升就是从你对公司业务价值提升的贡献中体现出来的。

真正驱动公司业务快速增长后，我确实升职很快，从一线分析师升到了数据专家再到数据总监。

[1] 数据库管理员（database administrator），简称 DBA。

这个时候，我遇到了职业天花板，现有公司没有岗位可以再让我上升了。我身边都是35岁甚至40多岁的IT总监，而我当时才27岁。那时候我十分恐慌，甚至懊恼自己为什么上升这么快，直接把自己未来几年的规划透支了。

接下来的发展，很大可能性就是要么我一直在这个岗位做着，要么我跳槽到其他公司做数据总监。

但是大家应该清楚，一个人快速升职的经历是不大可能复制的，你在这家公司可以快速升职，不一定到下一家也可以，原因在于其他公司不一定有这样的“坑”等着你去填。

那段时间我愁得头发大把掉，我的领导安慰我：你大可以磨到30岁再跳槽啊！这样你的工作经历就很光鲜了。当时我基本上把公司的数据后台、数据前台还有自助式分析得差不多了，如果无项目可做，只能在那里干耗着，时不时支持下业务部门。在那种情况下不做出改变，我一定会遇到中年危机。

于是我开始计划转行，经历了各种折腾与准备，我拿到了一家咨询公司的offer。

我又重新回到了“一线员工”岗位，这让我感到兴奋，未来可期的感觉终于缓解了我的焦虑。

因为这意味着我的职业延展空间更宽了。当然，还真得感谢我具备的数据分析技能，因为这刚好也是咨询顾问的必备技能，所以，我很幸运地利用数据分析拓宽了我的职业道路。

这几年辗转香港、波士顿，再到现在的伦敦，放在以前的话，我可能想都不敢想。我也承认，我做的每一个选择，都极其幸运地正确了。当然，这幸运的背后，是我为了迎接它所做的各种准备和技能磨炼。当机会来临，只有拥有与之匹配的能力，它对你而言才算得上是一个机会。如果你的武器库里空空如也，机会对你来说不过是过眼云烟，甚至你都无法发现、注意到它。

最后，我想告诉大家，人的职业生涯至少是三十年，千万不要把自己框定在十年里，甚至五年里。你要把自己当作一个产品，不断迭代，不断更新，不断迎合市场需求，用自己的一技之长，让自己创造更大的价值。

心理学教你接受自己，悦纳自我

程毅南

学习心理学是不是有利于自我心理建设，让你成为内心强大的人？经过 4 年心理学科班学习，从自身感受的角度，我认为心理学对自己内心的影响大致体现在以下几点：

一、我不是上帝

心理学研究很多日常现象，因此 4 年下来，我学会了很多关于人性的“大自然的规律”，深刻地意识到，很多现象发生是有它们的合理原因的。当然，不是每一件事都正确，但至少是有理由的。比如说，作为某网站心理学“大 V”，我经常会被网友问到以下几类问题：

- 拖延症类：我到考试了还不爱学习，我是不是有拖延症？怎么治啊？这样下去我未来不能成功怎么办？
- 抑郁症类：跟男/女朋友分手后很伤心、很失落，对什么都没有兴趣，感觉自己有点抑郁了，求大神给看一看。
- 易分心类：我写作业的时候很容易被其他人的谈话或音乐吸引，怎么办？我这样下去是不是就不能成为一个专心学习的好学生了？
- “外貌协会”类：男人为什么都喜欢美女/大胸/大长腿/高圆圆/汤唯？男人除了外貌还在乎什么？我不漂亮我还怎么活？
- 其他类：我觉得自己自私、胆小、难以控制情绪、不擅长社交、对新鲜事物缺乏兴趣、不够宽宏大量，我该怎么办？

这些问题存在吗？我想可能真的存在。需要为此日夜哀愁闷闷不乐吗？没有必要。因为上面描述的很多现象，其实都是正常的现象，都是你作为一个正常人会出现的现象。你这样，别人也这样，我们大家多多少少都有类似的问题。

举几个例子：

1. 生物为什么会有恐惧这种反应？就是为了活命啊！你要是连害怕都不会，怎么知道跑呢？

2. 人会懒，很大程度上是因为我们天生趋向于节约精力和体能，在过去资源匮乏的时候，需要好好休息才能有精力去战斗。

3. 人的情绪会随着周围环境、事态的变化而产生波动，毕竟人是敏感的社交动物，需要感知外界信号来做出反应和判断，并释放自己的信号去影响他人。

4. “外貌协会”就更平常了，人对美的欣赏源自生物本能，毕竟美女 / 帅哥在视觉上令人十分愉悦，对吧……

所以，你会发现，你常常为之忧虑的所谓“缺点”，其实是人类作为生物（而非上帝）所具有的一些正常反应，换一个角度来想，这些可能是你生存下去所必须具有的自然反应或能力。

因此，不论自己是什么样的人，首先应该接受自己、悦纳自我，承认自己有各种各样的特点（优点也好，缺点也罢），并且自己不是上帝。在缺点难以回避的时候，不要过分责怪自己，不要跟自己的缺点硬碰硬。世界那么大，人应该学会挑选适合自己生存的环境、匹配自己能力的职业、跟自己合得来的朋友和伴侣，而不是去尝试成为一个“完美的人”，从事一个“完美的职业”，取悦所有人，令所有人都挑不出毛病。

比尔·盖茨、乔布斯、马云这些受人膜拜的人，确实极有才能，但深究到人性上，他们也只是平常的人而已，只不过发挥了自己的才能和见识,做了不平凡的事,并且运气也非常好。说到底，他们只是真正明白自己是谁、想要做什么，并且抓住了非常好的机会的人。他们懂得利用自己的优点，也懂得顺势而为，没有和自己的缺点硬碰硬去“作死”。像他们这样能力强又运气好的人，其实也没几个。所以，这世界上，除去几个运气好的天纵奇才，再刨去极少数的心理变态，你跟世界上绝大多数人一样，都属于平常人。仅此而已。

事实上，你们想过的各种关于“我是不是有毛病”的问题，其他人也都想过。或许某一天你们能开诚布公地聊起来，就会发现，啊，原来你也这么想!

所以，当你磨炼出一种安然自得的心态（自信、自尊、自爱），你会发现你的大多数行为是有原因、有依据且合情合理的。而那些不那么有规律的行为，一部分叫个人爱好，另一部分叫随机事件，随它去好了。

二、别人也不是上帝

“人无完人”这句话，除了对自己说，当然也适用于别人。大自然的规律既作用于你自己，也作用于别人。如果你能理解自

己是怎样一种生物，那就应该能体会到，别人也同样是这种生物。人类的基因差异不超过0.1%，虽然到了细胞、组织、系统和性格层面差异会逐步放大，但你要知道的是，你跟其他人是有很多共性的。人和人之间会有些许不同，这也十分正常，对吧？因此，很多问题，推己及人，其实就能迎刃而解。

比如：

- 如何制止学生上课睡觉？（如何改变我上课无聊的本质？）
- 为什么他不喜欢我？（你为什么不喜欢隔壁班的猥琐男？）
- 为什么有人上厕所不洗手？（你真的每次都洗？）
- 我这么牛，为什么别人不尊重我？（你尊敬特朗普吗？）
- 为什么有些人情商这么低，一点也不会哄人？（为什么有的人情商很低，总是需要别人哄？）
- 为什么有些人这么自私，欠他点钱总提醒我还钱？（不然呢？！）

你看，其实很多这样那样的问题，当你把别人当成一个跟你差不多的正常人时就非常好理解了。你不完美，别人也一样。这个世界并不是由上帝和圣人构成的，都是普通人。

每个人都有自己的生活方式。所谓宽容的态度，并不是说要我们完全认同别人。宽容的意义是，理解他人存在的方式，尊重他人自主选择的权利，至于这个人你喜欢不喜欢，不强求。

你不是上帝，不需要爱世上每一个人，人人平等的重大使命不落在你肩上；你也不需要掌控世界，把世界调整为精确运行的完美架构，让每个人成为精确的螺丝钉和齿轮；你写出来的程序、你设计出来的系统、你创作的文学作品，没有一样能精准完美，既然这些“神圣的造物”都是出自你的心血，而它们尚且不完美，那么你为什么要求别人完美呢？

因此，别人不完美，不合你意，这太正常了，你又不是在和上帝交往！而且，就算是上帝，也还可能会被持其他信仰的人所厌恶。所以何必那么在意别人呢？对不合心意的事，淡然一点，就过去了。

最终，当你能坦然接受自己，也能淡然面对这个社会，你就拥有一颗无比强大的心了。

PART 4

角色融入

资深职场人心领神会的“通用规则”

曾加

在微信、微博、知乎等社交平台上联系别人的时候，永远不要单独发“你好”或“在吗”。请尽可能一次性说清你的来意，大部分人并不愿意陪你磨叽。

别人不回复你信息，不一定是他故意冷落你，很可能是回复你的优先级不够高。这时你不要擅自“加戏”，更不要连环 call，或者打一串问号，这样会让别人对你的印象很差。正确的做法是：隔段时间提醒一次，最多提醒两次就好。

在打探不太熟的人的信息之前，请确保你先给他提供了足够多的信息——除非你的地位比对方高很多，否则不要奢望别人对你敞开心扉。

在微信群或朋友圈里请不太熟的人帮你打广告时，请先发红包——除了死党，没人会无偿分享你的广告。

在看到别人犯了一个很小的错误（比如口误）的时候，除非这个错误非常关键，否则不要当众指出——人人都会犯一点小错误，但大部分错误其实无足轻重，当众指出只会让对方难堪。

请记住所有为你买过单的人——没有人真的完全不在乎钱，一定要找机会为他提供价值：要么回请，要么给予帮助。

如果你对谁都很友善，有求必应，别人表面上会感激你，暗地里可能会觉得你好说话，把最琐碎的事情丢给你。要对合作方进行“期望值管理”，让他们知道，并不是你能做的事情，就必须由你来做。你应该多做有价值的事情。

判断一个公司好不好，不要看有多少平庸的人得到重用，而是看有能力的人有没有得到重用——因为无论在哪里，平庸的人都要远多于有能力的人，平庸的人也有自己的生存法则，利用好生存法则，也能活得很好。

当你指出一个你认为的错误，但对方不回应时，不要再反复提起。这有可能是对方刻意为之，反复提起只可能让对方不悦。

你在某网站上有几十万粉丝关注，并不说明你多厉害——社交网络的评价体系并不完善，一个人受到很多关注，可能是各种偶然因素综合的结果。大部分你眼中厉害的大 V，在生活中都是普通人而已，真正厉害的人，早晚会在真正的大舞台（比如职场）上脱颖而出。

事成之前，只让极个别的人知道你的目标——你做成了一件事情，并不会有多少人由衷地为你感到高兴；你搞砸了一件事情，却会有很多人喜欢拿来当笑料。

在社区内发布一篇文章若想火起来，它的最佳发布时间往往并不是社区内人最多的时候——“同时在线人数”最多并不会让它传播得最快、最远，“在线人数”除以“发布内容人数”的值达到最大才更重要，请细细体会这句话。

不要奢望讨厌你的人能回心转意，除非他有求于你——人都是要面子的，一旦公开了自己的态度，认识到错误容易，放下面子承认就很难了。

一篇回答的赞同数特别多，不一定是因为它有多棒、多深刻、多有帮助——也可能是因为：回答让人“不明觉厉”，让人觉得点赞很光荣，回答把大部分人心中想的东西用优美的方式表述出来，或仅仅是答主的关注者很多。

不要轻易批判一件你不理解的事情，别人并不是傻子——一件事的存在必有其原因，你觉得有些不合理乃至离奇的事情，在当事人所处的环境中，他可能做出了他认为最优的选择。少做判断，多想想为什么，自己才能从中进步。

不能给出理由和解决方案的当面批评都与找碴儿无异——抱怨和批评人人都会，难的是改变令人不满的现状。除非你是对方的领导，否则在批评的同时请务必带上理由和解决方案，否则除了让对方不爽以外，毫无意义。

不要嘲笑别人阅读信息密度很低的“鸡汤书”——这些书存

在的价值在于：它降低了获取知识的门槛。如果没有这些书，很多人连最简单的有效信息都很难获得，与其嘲笑他们，不如利用好这一特点。

最有价值的信息永远只在封闭的小圈子里存在——除非你自身的能力很强，否则不要太相信开放平台的资料能带给你有大用处的信息。如果获取信息的成本很低，那么，要么信息没什么大用处，要么信息的筛选和解读成本很高。不然的话，大家就都能变成很厉害的人了。

手把手教你人际交往的礼数

李多余

有人觉得酒桌上的社交礼仪都是繁文缛节，是糟粕。我不是很认同。

这些礼仪并不是要你去“巴结”什么人，只是提供一些既有的方式来表现出你对客人的尊重。做这些事情的时候，我虽然也觉得很烦，但并不觉得“不对”。因为我理解所有这些行为背后的意义都是对他人的尊重。

一、请客吃饭场景

1. 如果是你请客，请提前十分钟到场，保证客人来的时候你已经在“迎接”了（这条很重要）。

2. 一般来说，房间里正对着门的位置坐的是主陪，主陪的右手就是主宾。但是大多数人都搞不清，所以你也别去纠正，反正记住面对着门的位置留给主宾坐就行了。

画了张图，诸位大致领会一下：

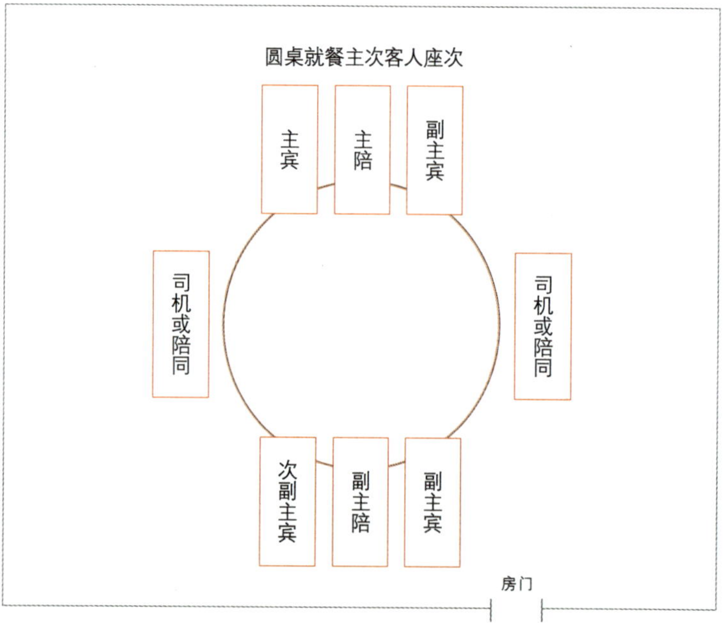

图4–1

当然，也有和图中类似的情况——坐在门口位置的是很重要的人（次主宾）。

反正记住自己别坐主位，敬酒的时候从最重要的人开始往两边敬酒就好。

3. 凉菜上得差不多了或第一道热菜已经上来，就可以喝第一杯了（看菜量多少）。谁提这事儿不重要，喝完再动筷子。

4. 饭桌上有点眼力见儿，坐主位的人没动筷子你就别动，新菜转一圈人家要是还没吃的话你也别吃。

5. 敬酒的时候自己的杯口一定要低于对方的，姿态也要放低。如果对方也在压低自己杯口的话，你就轻轻托住对方的杯底。

6. 别人给你倒茶的时候一定要停下手里的事情，轻扶杯子，认真道谢。别像个大爷似的坐那儿就受了。（所谓的用手轻叩三下表示感谢之类的礼节，我只在小说里见过，有人说在广东很常见，这个就是我孤陋寡闻了。但是扶着杯子认真道谢是绝对没问题的。最好的解决办法是看别人如何处理，你跟着学就行。）

7. 发现主宾对着面前的菜不动筷了，那就主动点转菜，别傻等着。但是转菜的时候一定要眼观六路，确定没人在夹菜的时候再转！

8. 别光埋头吃，中间记得抓住机会敬酒。要是一群人的话，一定要从地位高的敬到地位低的，转一圈（包括小孩子）。

9. 买单要悄悄地，确认大家不再加菜之后找个借口出去偷偷付账就行了，别当着面掏钱。

10. 这一点是我的个人喜好了。我比较喜欢请客方先点一半量的菜，保证既能有的吃，又有加菜的空间，大家都不尴尬。而不是完全交给宾客点。因为如果要等客人来了，再点菜下单，再一道一道地上菜，很有可能会出现桌上只有一两道菜的尴尬局面，显得很寒酸……

不过也不排除有人就是喜欢全部自己点，所以这条可看可不看吧。

11. 如果是被请客的话，提前问好是为啥（过生日、有事情要宣布、商务宴请……），做好准备（礼物、衣着、名片等），确认有没有 dress code（即着装要求，如必须穿正装，必须有红色元素等。一般外国人爱搞这个，但是正经一点的场合还是提前问问比较稳妥）之类的。

之后记住人情，适时表达感谢，找机会回请。

12. 如果你是在场位分最小的，记得主动倒水。

如果只是口渴，那也别光倒自己的，还是得从高到低，最后一个倒给自己。

以及，不管你是不是位分最小，宾客要是没水喝了，你一定得主动帮人家添上（叫服务员或自己动手均可）。

13. 喝酒的时候，如果是大圆桌实在不方便碰杯的话，举杯示意，然后用杯子轻轻敲一敲桌面（一般三下）也是可以的。前提是大家都没站起来。

14. 聚会结束后，作为请客方（尤其是男性），要目送所有人离开后自己再离开。所以别先急着给自己叫车，确认其他人都安全离开了再打开你的打车 App。

之前有位女性朋友跟我“吐槽”，她和一个男士吃晚饭，饭后两个人一起叫车。结果男士的车先到，就直接走了，留下姑娘一个人在路边等车，体验极差（这个男士也是无心的，但是留下的印象会不好）。

15. 请人吃饭选择粤菜最保险，淮扬菜也 OK，川菜和西北菜要妥善考虑（有特殊口味问题）。

外国菜尤其不推荐，可能会有看不明白的操作，容易出错（自己和客人都是）。请客吃饭第二，把客人陪舒服了第一，所以尽量避开不必要的麻烦吧。

16. 寻找回请时机其实挺简单的，任何非家人团聚的节日，有事（比如生日、附近有新店开张、有事情想请教），表示感谢、思念等，都可以拿来作为邀约的理由。

个人认为比较好的理由是节日和有事情想请教，前者不突兀，后者给面子。

17. 如果是朋友聚会的话，别默认“约局的人请客”！

主动点跳出来说 AA，比如在群里问下多少钱，自己主动把红包先发了。要是对方执意要请客的话，你这样做也不丢人；要是对方没这个念头的话，你就是帮了大忙了！

朋友聚会 AA 最好，别你请一顿我请一顿，也别谁攒人谁掏钱，弄得大家都有压力，何必呢？

18. 敬酒的细节：

如果你是全场最小的，乖乖猫着，看别人的敬酒顺序，最后一个起来敬一圈就可以了。

如果你是主要的宴请人员，那就得主动起来敬酒。核心原则是：先客后己，先高后低，先大后小。

如果不知道在场人的身份高低的话，敬完主宾和主宾身边的人，然后大大方方说一句，“后面我就顺着来了”，别人跟你客气道“顺着来顺着来”，你就可以自己找个方向转着圈来了。

二、送礼场景

1. 收到礼物的时候先问对方一句“能不能拆”，得到对方的肯定回答之后再动手，否则会引起尴尬。

2. 送礼不要带价标！如果是你的重要关系就送一些看得出价值的东西（烟、酒、茶、电子产品等）。

3. 一般收到礼物都应回赠一下。比如你送我一支口红，我送你两本书；你送我项链，我送你耳机，类似这样。

4.“打包装 + 写卡片”是送礼的固定套路，可以帮对方理解送礼物的意图。哪怕只有几个字，手写的更是不一样。

5. 收到礼物要使用，或者让送礼的人觉得你的确在使用。比如使用后发发照片，或者写写类似“这个东西很棒，帮到我了”的话反馈给对方，或者当着对方的面使用（比如衣服、配饰等），这才是真诚的收礼反馈。

6. 请人办事（不论大小）一定要记得感谢！我是说以实际行动表达的感谢！

想拜托出境的朋友帮你代购，要么多打钱要么请吃饭。我见过最漂亮的做法是让对方在代购的时候多带一样对方用得上的东西，然后说是给他买的，这样就非常得体了。

其余小事情也是一样，想拜托别人帮忙，自己也就必须付出点代价。平时准备点小礼物是很有必要的。

三、如何表现“尊重”

这个就很简单了。比如主动拉门；下车主动用手挡住车门上方形成保护；主动拉椅子，确认对方坐好了你再落座；主动帮对方添茶倒水；双手递物接物；对方站着你绝对不坐着；认真收好对方给的东西（名片之类）；加了好友主动发自己的信息过去，方便对方备注……

如果对方给予了你帮助，一定要给个正面反馈，这样人家才不会觉得是白出力。

总而言之一句话，所有零碎事儿你干，所有麻烦你解决，对方就是“客”，记住这个原则就够啦！

小团队领导如何提高管理能力

空白女侠

我是 26 岁当上数据总监的，当时完成了公司的数字化转型，帮助公司盈利，我就被提拔为管理者了。我一下子从专注于自己事情的工程师变成了要搭建团队还要管理团队的领导。

说实话，我是非常不适应的。被提拔后，我连夜买了很多团队管理的书，但是里面的内容，我一点都领会不到。原因在于书的内容太理想化，所列举的案例中管理者的职位层次也都太高端：总经理、总裁、亚太区 VP（副总裁）……

而我只是个管理 10 人以内团队的小领导。于是我把书丢在了一边，请教了有经验的人。因为这段“从零到一”起步的管理经历太过深刻，所以我想把做好一名小领导的心得及方法论分享给大家，不能说多高端，但绝对接地气和符合现实场景。

如果你想成为一名领导，或者在成为领导的路上，又或者已经成为领导，我觉得你很适合看这篇文章。

在职场中，升职、带团队被每一个职场人视为职业生涯的重大转折点。一方面，升职就意味着更优厚的待遇（这点相信大家都很期待），能够满足个人的物质需求；另一方面，带团队意味着自己大小变成了一个“领导”，多少也是一种成功的标志，能够满足人的精神需求。

然而非常不幸的是，大多数的公司，对管理人员缺少科学合理的选拔和培养机制，往往遵循“学而优则仕”的古老规则：简单来说，一个同学专业知识扎实，态度认真，工作有成绩，于是就把他提拔成为领导（小组长也是领导，别拿豆包不当干粮），让他带领一个团队，而很少考虑该同学的管理能力、影响力等指标。这就导致很多基层管理者缺少作为一名团队领导必备的软素质，使团队的工作成效最终变成了类似于“1+1<2”的局面。就像一支球队，核心球员可能并不是得分最多的人，而是能让整个球队发挥得更好的人，优秀的领导者，应当是能让整个团队取得最大工作成效的人。

那么作为一个管理者，应该具备哪些能力或素质才能真正地做到“德配其位”呢？这里我结合自己的经验和感悟给大家做一番梳理，希望能够给在管理岗位或者有志于向管理岗位发展的同学一些帮助和建议。

一、管理岗位的本质是什么

要想知道身处管理岗位需要什么样的能力，首先要弄清楚管理岗位的本质是什么。

在我看来，管理岗位是一种“封建”机制下的管理节点。看到这里，我估计大部分读者要爆炸了：“我们都已经进入社会主义了，你竟然还在讲封建！”好好好，我承认这个概念有些突兀，但请大家先不要激动，容我把这套逻辑讲清楚，说明白。

提到“封建”，大家不要认为就是老思想，是愚昧的东西。在古代，“封”“建”是两个词，其在《说文解字》中的解释如下：

封：爵诸侯之土也。——意思就是分给诸侯的土地，换句话说就是给诸侯的地盘。

建：立朝律也。——意思就是制定律法，换句话说就是“定规矩”。

讲到这里，大家想想公司是不是类似这样？比如一个集团公司，下面有好几个子公司，每个子公司有好几个部门，每个部门下有好几个科室，每个科室里可能还有好几个小组。集团有董事长，子公司有总经理，部门有部门经理，科室有科室长，小组还有小组长。每个领导都有自己的一类业务（一块地盘），在自己的业务范围里，领导组建和管理自己的团队（高度自治），最终拿结果层层向上汇报（定期朝贡）。这难道不是非常典型的“封建”组织结构吗?

所以，管理岗位的本质其实和古代的“分封制”十分相似：

有地盘——业务/职责范围；有资源——有团队、预算等；拿结果——一切以最终的结果说话。

最终一个管理者牛还是不牛，不是以其个人取得的成果来衡量，而是以所管理团队的整体结果来衡量。

二、如何练好管理基本功

作为一名管理者，其最大的价值已经不应再是逞自己的“匹夫之勇”，而是要通过带领自己的团队获得成绩。对很多刚刚踏上管理岗位的同学来说，这样的转变是艰难的。作为昔日团队中的“猛将”，我见过很多管理岗的同学还是习惯于自己冲锋在前，而不是学会利用团队的力量。因此，在这里，我向大家介绍一下我在团队管理方面的方法论，简而言之就是 4 点：定策略、建团队、立规矩、拿结果。

【定策略】

看到这个标题，一定会有人说："我就是一个小领导，只是带团队干活而已，定策略这么"高大上"的任务，轮不到我来完成吧？"

错！任何一个组织在设立目标后都会将目标细化为一项项指标，以 KPI 或者 OKR[1] 的方式逐层向下分解，直到分解到组织的最小单位。对任何一个组织而言，其所承担的指标一定是上级组织的一部分。指标一旦确定在组织头上，如何完成就要看组织管理者的能力了。

拿《亮剑》中的人物来举个例子：

> 李云龙：眼前敌人守着平安县城，让六连去后方拖住敌人的援军 3 小时，其余的都跟我去城门楼子，顺便让二营长把意大利炮给我拖上来。
>
> 六连连长：我们的任务是阻敌增援。两个排上坡占领制高点，三排负责埋伏袭扰敌人，一定要拖住援军。

[1] OKR（objectives and key results），即目标与关键成果法，主要目标是明确公司和团队的"目标"以及明确每个目标达成的可衡量的"关键结果"。

三排排长：敌人一定会走这条大路，其他班埋伏好，一班去埋地雷，炸掉他们的交通工具。

说起来，一班班长已经是部队中最小的建制领导了吧？虽然目标很明确，但怎么安排班内的资源来达成目标，仍是一班班长需要确定的策略。如果策略得当，可以用最小的伤亡解决问题，反之，可能全班“光荣”了任务也完不成。

现在大家还会觉得“定策略”是高层领导才要做的事情吗？其实很多时候，基层领导是否称职，很大程度上决定了组织的效率。基层领导往往更面向大众，这也是我们党为什么一直非常重视基层管理者培养的原因了。

说了那么多“定策略”的重要性，那么到底该如何“定策略”呢？由于每个具体的业务特点不同，我无法非常明确细致地解释清楚，这里只提一下需要注意的要点，希望各位能够关注。

1. 要明确公司高层的真实目的

很多时候，公司高层给出的 KPI 仅仅只是一个推演出来的数字（目的），而并不会充分描述要达到这个目标的原因。然而，作为一个管理者，你有义务弄明白高层设定这个目标的真实原因和诉求。比如前面的例子中，六连接到的任务是拖住敌人，给大部队攻下县城争取时间，所以要做的应该是破坏敌人的交通工具，堵塞其前进的道路，让他们的机动车无法从公路上开过去，只能步行，而不是正面和敌人硬碰硬。

有时候高层不在一线，很多细节是无法掌握的，这个时候作为基层管理者，需要结合实际情况和高层的真实目标，给出更加切合实际的方法 / 策略，这也是“定策略”中非常重要的一点。

2. 对自己的团队了如指掌

要想定策略，管理者需要对自己的团队了如指掌。比如要埋地雷、炸汽车，班里有足够的炸药包吗？班里谁最机灵跑得最快？班里还有多少子弹？如果守不住要正面应敌可以坚持多久？等等。

大家应该都有这样的经验，一件事情如果由自己做，大体是可以估算出来难度如何，需要多少时间的。为什么？因为你对自己的情况足够了解。同理，要想给团队规划最适合的策略，那么就需要对团队的特点和情况了如指掌。

3. 管理者须具备专精的行业知识和丰富的经验

作为一个管理者，其本身也是所在领域摸爬滚打多年的“老油条”了。结合自身的经验、知识以及团队的特点，制定一个高效、靠谱的策略，也是一种非常重要的“定策略”的手段。

具体例子很多，比如《亮剑》中围攻山崎大队，程瞎子带领的七七二团损伤大半没有斩获，等到独立团上阵时，李云龙利用他丰富的经验，提出了“土工作业拉近距离，手榴弹密集攻击”的策略，最终一举击败山崎大队，打了一个漂亮仗。这就是典型的基于管理者经验“定策略”的例子。

上面说了那么多，是想说明“定策略”对管理者的重要性。作为管理者，当你拿到任务时，千万不要想着我怎么去做才能完成，而是要想，我怎么协调团队内的资源才能以最高效的方式把问题解决，这才是一个合格管理者应该体现的思维和能力。

【建团队】

作为一个管理者，建设团队是达成业务目标的重要手段。这就好比一个渔夫捕鱼之前一定要先织好渔网一样。然而很多时候，我看到一些管理者在团队组建时出现了一些根本性问题，这里一一列出，和大家一起探讨。

1. 嫉贤妒能

这点应该是许多管理者容易犯的错误。原因说起来很简单，那就是害怕下属能力太强抢了自己的位置。这种思想对一家公司而言非常有害。我们把一个人的能力按照 A、B、C、D、E 分为五档。假设一个团队的领导是 B 级人才，而他又害怕招来的人太强抢了自己的位置，那么他招聘时 A 级肯定不会招，B 级大概率也不会招,会优先招聘 C 级人才。于是这个团队就成了 C 级团队，这对公司无疑伤害很大。

针对这个问题，其实解决的根本还是要从改革公司制度做起。我就知道一些公司在评价主管时会重点考量团队的总体产出，只要是团队产出的，即便是由某些很牛的人独立完成，业绩也会算在主管身上，以此来提升主管招聘优秀人才的主动性；同时，若团队内真的出现能力突出的人才，尽量还是安排在主管节点之下，如果真的需要提拔也会另行安排，而不会让他取代原主管。

同时，作为管理者，自身也要转变思想，要知道团队的产出也是自己的产出，真的有优秀的人才应该尽量揽入团队，尽量为公司发现人才、培养人才。

2. 职场“近亲”

从个人来说，大家都比较喜欢和自己相近的人。例如，能说会道的都喜欢嘴皮子利索的；技术大拿都喜欢脑子聪明的；能吃苦的都喜欢不怕苦不怕累的；年纪大的都喜欢成熟稳重的；年纪轻的都喜欢活络有生气的。正是由于这样的特点，很多管理者招人时往往都拿自己作为模板，结果整个团队放眼望去有一种“近亲”繁殖的感觉。

要知道，“尺有所短，寸有所长”，一个生态需要具有多样性才能维持繁荣，一个团队同样如此。以销售团队为例，既要有嘴皮子利索的活泼型销售，也需要有沉稳老练、惜字如金的销售。只有这样，当面对不同的客户和场景时，才能派出适合的人选。

再拿游戏举个例子，大家打副本时，既要有肉盾去扛，又要有物理攻击去输出，既要有理疗法师去治疗，又要有法系输出去攻击。如果一个副本团队全是同一类的角色，就根本没有机会打得下来。

所以作为一个团队的管理者，需要克服自己的喜好，从大局着眼组建团队。

3. 猜疑心理

作为一名管理者，当然希望下属能够服从自己、信任自己，毕竟这样工作才好开展。

很多管理者习惯用下属“是否听话”来判断下属是不是“忠于”自己。比如，领导要求大家一起出去聚餐，有些下属因为家里有事或者自身对此类活动不太热衷，于是提出不去。领导就会觉得这个下属对自己有意见，工作中就会处处针对。而对一些向自己“早请示、晚汇报”的下属，领导则会觉得他们很靠谱，工作中也给予优待。

于是团队中开始奉行一种谄谀风气，让很多不屑于此的人才选择离开。

说到底，这都是由于团队领导的“玻璃心”导致的。

其实在我看来，一个团队并不是人人称兄道弟才说明大家团结，在工作中彼此之间也并不是一定要成为朋友。在国外，公司里的同事就是正常的同事关系，工作之外不会有过多的交流。但在工作中遇到什么问题，大家还是能够很职业地相互帮助。

对任何一个管理者而言，组建一个优秀的团队不但是工作，更是取得成绩的关键手段。然而要想组建一个优秀的团队，管理者就要克服自己的猜疑心理，充分信任自己团队内的成员，这是每个优秀管理者都要做到的。

【立规矩】

常言道:“国有国法，家有家规。”在一个团队中，明确、清晰、统一的规矩是所有成员行动的标准和依据。现在几乎每个公司都有一些关于标准的规定和SOP[1]，但是细化到部门以及团队可能不一定适合。因此，在团队内部也应该基于公司或部门的制度，结合团队自身的特点来确立自己的规矩。

比如公司要求每个员工“朝九晚六”，某些团队由于工作的特点，可能会调整到“朝十晚七”，这都是非常正常的。

其实立规矩并不难,难的是团队领导要带头遵守。这个“遵守”既指按照规矩来规范自己的行为，更指按照规矩来对违反的人进行惩罚。前者要求管理者足够自律。在团队内部，管理者是“立法者”和“执法者”的合体,通俗地说就是“既当裁判又当队员”，有时候自己违反了规矩，可能睁一只眼闭一只眼就过去了。但不要忘记，还有团队内所有成员看着你呢！如果你自己犯规而不受惩罚，那么下次下属犯规时就没有了约束手段。

我之前的领导就曾经违反过他自己立下的规矩。我记得当时

[1] SOP（standard operation procedure），即标准作业程序，就是将某一事件的标准操作步骤和要求以统一的格式描述出来，用来指导和规范日常的工作。

规定，如果业务方提出需求，并且我们承诺给出上线时间，那么就一定要按时上线，否则要罚款。当时正好有一个需求，由于基础设施的问题导致没有按时发版。

这个需求当时正好是领导亲自负责的，我们团队，包括业务方，其实对这次延期都非常理解（确实不是我们的问题，我们也没办法对吧），但我们领导还是坚持罚了自己款。后来问他原因，他说如果这次因为这个理由没有坚持立好的规矩，那么以后还会有人用其他理由来打破规矩，再往后，规矩就形同虚设了。

立规矩不难，难在守规矩。

【拿结果】

春播秋收，作为一个管理者，在费了九牛二虎之力之后，终于等到了收割的时候。这个过程我想提醒一下各位管理者：注意"吃相"。

前面我们提到过，管理者就是靠团队拿结果的。所以说，团队的收获都是领导的，这本没有错，但是在拿结果的同时，也要注意下属的感受。

还拿我的前领导来说吧，我做出成绩自然应归功于他，但他主动提出让我向上级领导汇报，还创造一些露脸的机会给我。用他的话来说，让我去向更高的领导汇报，让高层知道我的工作，这样他给我提升职加薪就更加容易了，不用自己再苦口婆心地给高层汇报我的成绩，这也是减轻他的工作量。

大家看到这里会觉得我遇到这样的领导很幸运吧，但大家有没有想过，正是因为领导对我这样帮助和认可，才让我更加努力地投入到工作中，从而有了更多的产出。这种管理方式形成了正向激励，让我成长的同时，也让我的领导拥有一个战斗力更强大、更加死心塌地的团队。

在现在的团队中，我也继承和延续了前领导的管理风格，一方面让我的团队有更快更好的成长空间，另一方面也让我的团队更加稳定，更加高效。

三、管理中常见的误区

分享完管理的基本功后，我再和大家唠唠管理过程中常见的一些误区。其实管理中的误区真的挺多的，我自己掉过坑，也听到、看到过很多人曾陷入误区，但限于篇幅，这里只和大家简单介绍三种比较常见的职场误区。

1. 做管理后放弃原来专业

一般而言，做了管理者后会有很多精力转移到团队建设和管理上去，有不少人因此就放弃了本职专业。但现在的职场上，已经很少有专门的纯管理岗位了，对公司而言，管理岗往往都要求是专家型管理者。比如做数据分析的团队管理者，首先就必须是一位专业的数据分析师。

但是我们提到，作为团队管理者，更多是靠团队来拿成绩了，既然不再亲自动手做业务，如何保持原本的专业性呢？我的建议是，花费更多时间去关注行业发展方向和前沿技术。因为作为一个团队管理者，具体的操作性工作可以不做：一方面太花费时间，另一方面对自己的提升帮助不大，同时又由于作为管理者需要为团队“定策略”，因此非常需要了解行业发展的趋势和方向，带领团队走上正确的道路。

2. 过度管理

当一个团队越来越稳定和成熟时，其自身就会进入一个“自循环”的稳定期。

我曾经听一个资深的领导讲过，他当时带了一家行业公司全国的销售团队，用他的话来说，一个团队成熟的标志就是：领导打一天的高尔夫球，手机都不带响一下的。能达到这个程度，就说明了团队已经相当成熟，一般的事务和问题已经不用再请示领导了。我觉得这才是管理的最高境界——“无为而治”。

然而，在实际的工作中，很多领导很害怕自己对团队而言没有存在感，所以他们会经常召开一些无意义的会议，或者插手一些非常细碎的事务性工作。这其实会影响团队形成稳定、“自循环”的管理氛围，对团队的管理没有任何帮助。

但大家可能会问，如果团队真的自循环了，那岂不是没有领导存在的必要性了吗？这个问题我也曾经想过，某种程度来说不无道理。大家应该都听过“阿里铁军”的缔造者阿甘吧？当时他被请到美团，一手打造了美团的线下铁军，但在团队形成后，这位美团的前 COO（首席运营官）就逐渐淡出，不再担任美团的一线高管。

到底该打造一个一直需要靠自己来维系的团队，还是一个能让自己潇洒退居二线的“自循环”团队？对管理者来说，这是一个应该认真考虑的问题。

3. 过度追求团队稳定

有些管理者认为，衡量团队是否稳定的标准就是看离职率是否低，这点其实我不太苟同。我最早在外企时，发现外企的离职率真的非常低。身边有很多同事职级不高，但在一家公司已经工作了十余年，甚至还有二十多年的。如果按照这个标准来看，无疑团队是非常稳定的。但这样的团队缺少激情，缺少主动性，并且效率和产出一直没有提升，甚至还有所下降。

对企业而言，一个团队的人员稳定并不是其经营的目标，通过组建团队拿结果才是经营的最终目标。所以在我看来，衡量一个团队稳定与否的核心标准，应该是看团队的效率和产出是否能够有稳定持续的增长，而绝不是团队成员是否稳定。

据我所知，某些互联网公司的招人标准是这样的：要求新招入的人能力要超过当前团队同等级别一半以上的在职人员。再结合公司本身就有的末位淘汰制，大家可以想象，在这样的公司里，一个人只要稍有停滞，要不了几年就会被淘汰。对个人来说，这无疑是残酷的，但对公司和组织而言，这样的制度和规则却能够让团队稳定成长。

我一直认为，很多时候，做管理者是“反人性”的。换句话说，当“官”也真心不容易。但如果你决定踏入管理层，决心在职场上更进一步，还请仔细阅读和揣摩这篇文章，相信它能够让你学到很多管理上的知识。最后，当你真正迈入管理层，在做决策时，最好还是在可以斡旋的范围内多考虑一下下属的感受和利益，在两难之间寻找平衡，这也是我现在一直在努力做的事。

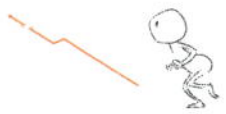

强势气场并非当领导的必要条件

程毅南

我的个性不是那种强势的类型，和别人相处的时候通常会特别考虑别人的意见，有时甚至会直接对别人的意见作出妥协。我觉得自己应该培养出一些气场了，该怎么实现呢？

这个问题其实很典型，反映出很多没有做过“领导”的人会有的误区：有强势的气场才能做领导。但事实上，大多数时候，人不需要强势也可以扮演好领导角色。换句话说，领导有很多种类型。

根据詹姆斯·麦格雷戈·伯恩斯[1]提出的理论框架和组织心理学家巴斯[2]在其基础上进行丰富并扩展的理论，领导一般有三种：交易型领导（transactional leadership）、感召型领导（transformational leadership，国内普遍翻译成"变革型领导"，这里因为我叙述的重心在组织关系上，所以采用"感召"这个译法）、"放羊"型领导（laissez-faire leadership），其中第三种不能算作严格意义上的领导，所以大多数人主要对比前两种。

交易型领导：顾名思义，和手下"做交易"。他们会为目标的达成设定明确的奖惩标准，严格执行奖惩措施，以结果为导向，在上下级关系中讲究服从和权威。因为他们具有以结果为导向、标准清晰、控制严格、赏罚分明、树立权威的领导风格，所以容易被下级看成监工。我们常常听说的"KPI 考核"就是交易型领导常用的手段——达成目标数据就赏，达不成就罚。

感召型领导：不倾向于使用客观标准来监控员工，而是通过激发下属的内在驱动力来促成目标的达成。一般来说，他们在上下级关系中会更像导师，会倾听下级的需要，鼓励他们进行创新，

---

[1] 詹姆斯·麦格雷戈·伯恩斯（James MacGregor Burns，1918–2014），美国当代政治思想家、历史学家，美国政治领导学研究的先驱；代表作《领袖》是领导科学领域的经典名著。

[2] 巴纳德·M. 巴斯（Bernard M. Bass），美国管理学家。

与下级一起构建一个梦想或愿景，并且尽量地以身作则，成为下级的精神领袖或偶像。与交易型领导相比，这类领导在工作上没有非常明确的客观要求，不通过外在因素鞭策员工，而是希望激发员工成为一个更好的人，来达成团队的目标。（“变革型领导”译法，有“促进员工内在改变”的意思，也有为组织带来变革的意向，即编织一个新的愿景对组织进行改革，这层意思在本文不展开说了。）

因此，善于管理的领导往往具备两种气场（如果排除掉“放羊”那群人的话），一种是监工型，一种是导师型。监工的话，为了更好地执行组织纲要和标准，必须要足够强势，这样才能保证在 KPI 达成上有足够执行力；导师则更软一些，画蓝图、以身作则、讲道理会更多一些，会从下级的特点和需求出发，以育人为目标。这种领导方式其实对一些重视客观数据和产出的工种是不适用的，但却对下级有相对长远的影响。

当然，很多领导也是两种气场复合的，追求 KPI 的同时，也注重对人格和精神层面的影响。所谓管理的艺术，大概就是如何平衡地使用多种工具和策略驱动下属、影响下属的艺术。

篇首问题中体现出的提问者的性格，像是比较讲道理也比较喜欢迁就别人的，如果硬是要当领导，不妨考虑走感召型领导的路子。但需要说明的是，感召型领导本身需要人格魅力，且不说你需要具有为人编织愿景的能力，你本身至少需要为下级欣赏，才可能有感召力。而且你能有效感召的员工其实是有数量限制的，小团队还好，几百甚至几千人的大团队，还是需要用客观标准来考核，过分强调个人感召力容易出乱子。

最后，即使领导分这两种类型，或者再加上一种复合类型，也不是说每个人都可以对号入座成为其中一种。很多人是不具备领导才能的，既不能严格要求别人，也不能感召别人，而且本身不具备一个领导应有的判断力和责任心，给你这个位置你很可能搞得一团糟或者干脆“放羊”了。

这里罗列出感召型领导的几个特点，你可以自己对照一下，仅作参考（理论来自罗纳德 · E. 里吉奥[1]）：

- 己所不欲，勿施于人（下属）；
- 下属明白他的愿景和价值观；
- 启发他人对他来说很容易；
- 下属经常会被他的热情和正能量感染；

[1] 罗纳德 · E. 里吉奥（Ronald E. Riggio），美国克莱蒙特 · 麦肯纳学院领导与组织心理学教授。

- 能主动发现下属的个人需求，并能理解下属的顾虑；
- 就算一件事自己做起来很容易，为了提升下属的技能也愿意交给他做；
- 强调创新是团队成功的关键；
- 有时会要求下属跳出原有思路，用新的方式来思考问题。

别人的看法解决不了你的问题

风墟

我曾经是个非常在意别人对我的评价和看法的人。

这一点一直令我很苦恼，我也一直想极力摆脱，但不管我怎么尝试，结果都只是令我变得愈发敏感，愈发在意别人。

通过不断地摸索，直到两年前，我才彻底摆脱了别人对我的看法的影响，成了一个无条件地接纳自我、不会被任何的评判与对比影响的、活得轻松的人。

在这里，我将我的经验分享给你。我相信看完这篇文章后，你就能够放下对别人看法的在意了。

在我很小的时候，我的父母总会用一些很严苛的标准来要求我，他们总是告诉我：你还不够好，你还不够优秀。他们也很少夸赞我，或是给予我正面的评价，总会拿我和别人家的孩子作对比。

不难想象，这些话直接塑造了还处在成长阶段的我的一重性格：以别人的评判标准来看待自己，试图去满足别人的期待。

别人对我的赞同或否定，都会对我的情绪造成很大的影响。

不知道、也不会去表达自己的需求。

后来踏入咨询行业，我接触到了很多也是被过于在意别人的看法困扰的来访者，我发现这类人几乎都有一个共同点：童年时总是被父母或抚养者要求成为他们所期待的人。

这一点是导致我们总是会过度在意别人看法的根本原因。

我们和父母的相处模式几乎是我们未来的一切认知与行为模式的模板。但要意识到，这也只是一个模板而已。在我们的成长过程中，在和别人的相处与互动中，这些认知和行为已然获得了反馈和强化。由此，“在意别人的看法”才真正内化为我们的一个“基本习惯”。

随着心理学的发展与迅速普及，许多心理学的概念被大众所熟知，而很多概念在传播过程中不可避免地被夸大和绝对化了。“原生家庭”这个词就是其中之一。人类的归因倾向就是习惯于在根源处寻找答案，所以“原生家庭”这个词就几乎成了公认的心理病症产生的根本原因。

实际上我们必须意识到，童年经历只是导致我们问题的一个触发因素，而不是全部的原因。事实上在我们的成长过程中，对我们童年行为与认知模式的强化和重复，才是导致我们问题的主要因素。

比如，“小的时候会被父母要求成为他们所期待的人”，有这样童年经历的人并不在少数，但还是有很多人虽然有这样的经历，却并没有在长大后成为像你我一样会过度在意别人看法的人。

这说明了什么？

说明了原生家庭的确令我们在一开始产生了某些问题，但在成长的过程中，我们完全是有机会，也有能力摆脱我们这种原有认知模式的。

比如说你拥有了一群接纳你的伙伴，你在学校里成绩很好，不断地从别人那里获得正反馈，形成了“无条件自尊”，你力气很大，你们班的同学都很怕你，等等，这些都是有可能改变我们的认知模式的因素。

有非常多的人会把自身性格弱点的成因都推给原生家庭，并非常悲痛地说，我真的没有办法放下，我真的很痛苦，我好难过，都是过去的错。这样做唯一的好处就是，你可以说所有的错误都是父母造成的，这样你就能继续逃避自己的责任和应该去面对的问题，从而变得很轻松了。

我们必须意识到，去追究是谁的错，这对我们问题的解决，并没有任何的用处。我们要做的只是针对问题，寻找解决办法，然后做出改变。

在这里，我将自己的经验和思考分享出来，从认知和行动层面帮你建立起自信、自尊、自爱的核心信念。

一、认知层面的建议

1. 别人没那么在乎你

虽然本文所指的这种心理，表面上看是“太过在意别人的看法”，本质上却是“过度的自我关注”。

也就是说，问题的实质不在于别人怎么看你，而是你自己将别人对你的看法看得太重要，将这种看法的后果看得太重要。

你必须清楚地意识到这一点：并没有多少人在关注你，也并没有多少人对你有什么“看法”。你想一想，你对别人又有多少看法呢？即便是你对某个人有某种看法，但这个“看法”又能持续多久？你的“看法”又会对别人造成什么影响？

事实上，你对别人的看法根本不会产生实质性的影响。即便说产生了影响，根本原因也是那个人在意你的想法，所以他才会有所反应。同理，别人对你的看法本身就是一种“非实质性”的影响。

所以你看，你因为害怕别人对你的看法所造成的影响，所以才会在意这些看法。而如果你不在意，那么这些看法就不会对你造成什么影响。

“看法”始终只是“看法”而已。

而如果你说，别人辱骂我怎么办？别人欺负我怎么办？别人排挤我怎么办？

那就是关乎你是否懦弱的问题了，当别人对你产生实质伤害的时候，这就已经不再属于“别人对你的看法”的问题范畴。你要做的是捍卫自己的权利，去反抗欺负你的人，或者在认识到的确是你犯傻的时候，改掉那些愚蠢的做法。

我们要知道：太过在意别人看法的对立面是“不在意别人的看法”，而不是“彻底地、绝对地完全拒绝别人的看法”。一个重要的前提是，你要能够在客观层面上分清楚你的行为是否对别人造成了伤害或者影响，如果不违背法律和最基本的道德，也没有伤害或影响到他人，那么你完全可以无视别人的看法。

2. 在这个世上，自己才是最重要的

受此问题困扰的来访者在向我叙述自己的心态时，几乎无一例外地都会作这样的辩解：“我父母生养我很不容易啊！”“她是我最好的朋友哎！”“可是我真的很爱我的男朋友啊！”

每当听到这样的话，我都会忍不住心疼他们，看看“社会意识”

已经把这些人伤害到什么地步了，让他们竟然完全没有自爱自尊的意识。

我们的社会环境，始终在强调集体主义，强调助人为乐、要为别人考虑，我们将站在自己的立场考虑、表达和满足自己的需求定义为“自私”，并且整个社会都在或明或暗地对“自私”持批判性的态度。

这也应了那句话，“太懂事的孩子长大了往往不幸福”。一个人如果没有勇敢、坦然地满足自己“自私”的心态，只会一味地照顾和满足别人的感受，那他将永远不可能获得幸福。

快乐的本质就是对自身欲望和需求的满足，你必须将自己的需求放在首位，你的整个人生基调才可能是幸福的。

你这一生会不断地遇到许多人，会有无数的人随意向你发表他们对你的看法。现在在你身边的绝大多数人，几乎都会在三年、五年后从你身边消失。对你而言，这些人只不过是你生命中的一些过客而已，所以你有什么必要去在意这些过客的看法呢？

你是想轻松地自私着，还是要痛苦地迎合着呢？

3. 要敢于表达自己的需求，不需要委屈自己成全别人

有太多的人不会也从不敢表达自己的需求。

在无比愤怒的时候，面对伤害他们的人却无法骂出哪怕一句

脏话，无法攻击对方哪怕一下，无法表露出哪怕一丁点儿带有攻击性的情绪。仿佛天生就被训练成要理解别人的立场，照顾别人的感受，满足别人的需求。

归根结底还是由于为自己套上了枷锁，给了自己太多限制，把别人的眼光和评价看得太过重要了。

只需要尝试一次，不去在意别人的看法，满足一次自己的需求。当别人惹恼了你的时候骂出一句“你给我滚”；当你父母要求你满足他们的期待时，坚定地告诉他们：我自己的未来我自己做主。

只需要这一次，试试看，自己会不会死，天会不会塌下来，你幻想的那些恐怖究竟存不存在。

你自己的决定，别人支持或者不支持，理解或者不理解，这和你有什么关系？

4. 不要害怕得罪别人

我知道看到这里很多人会担心：但我要是真得罪了别人怎么办？

你要意识到：不害怕得罪别人，不意味着你要刻意去得罪别人啊。不害怕只是说即便发生了冲突，你也会去面对这个冲突；别人不开心，那就让他不开心去。

对现在的你而言，会因为害怕得罪别人而小心翼翼地注意自己的言行举止；为了和别人不起冲突而压抑自己；为了不让别人对你产生不好的看法而去为别人的错误负责。

而“不害怕”只是让你放松下来，坦然地与人交往。虽然不会故意惹事，但如果出现了冲突，就要就事论事：是你的错误，你承担；不是你的错误，就绝对别去忍受。

一言以蔽之：不要害怕得罪别人，本质上其实是能够就事论事，分清问题的边界。

5. 放弃“变得更优秀”这种幻想

好的、坏的、对的、错的，这些都不重要。你想要的，才是最重要的。

整个社会、整个人类世界都在鼓励你要去努力，要变得更好。

于是你开始对自己不满意，你开始讨厌自己，你开始强烈地否定自己。

于是你开始追逐社会为“优秀”下的定义，试图去迎合别人的看法。你因此变得很焦虑，被对自己的不满驱使着不断地向前走，你以为只要达成那些目标，你就能轻松了，你就到达终点了，就“圆满”了。

但是“优秀”却始终不能如期而至，而你却一直被一种焦虑感控制和驱使着。你变得越来越着急，觉得必须尽快到达那个终点，只有变得更优秀了，你才能不再这么焦虑。而这种着急和焦虑令你变得更加浮躁，你发现你离那些目标越来越远。

马斯洛[1]提出人有五种需求,最高层的需求叫作“自我实现”。

这个“自我实现”指的就是做“你自己”想做的事,完成“你自己”的使命，追求“你自己”存在的意义。

而你一直在试图贴近“外界”的标准，这和你的本能需求是背道而驰的。真正的进步与提升是你在接纳自我的基础上去完成你的目标，满足你的需求，你只是想做这件事情，仅此而已。

就像你吃一份你喜欢的冰激凌，画一幅你想画的画，追一个你爱上的姑娘一样，这都是非常自然而然的事情，而不是为了达到一个怎样的标准,或能够给自己贴上一个“优秀”或“厉害”的标签。

你也不会充满焦虑，不会为了填补匮乏、抚平焦虑而不停地催促自己。你会完全地放松，不疾不徐地按照你的节奏去做事，去生活。

成为“你自己”，而不是成为“他人眼中优秀或卓越的自己”，这才是自我实现的含义，也是你存活这一世的根本意义。

分析至此，核心信念的改变，仍然停留在认知的层面上，知

[1] 亚伯拉罕·马斯洛（Abraham H. Maslow，1908—1970），美国著名社会心理学家，主要成就包括创立人本主义心理学、马斯洛需求层次理论等。

行合一，才能真正将你的问题解决。

二、行动层面的建议

1. 将你在意的别人对你的看法记录下来，然后尝试着去做出不被别人的看法所影响的行动

别人对你有看法，这是一个客观事实，无从改变。你很在意别人的想法，也是一个客观存在，我们短时间内可能没办法将其消除。

但是你可以控制的是你自己的行为和做法。你要做的就是，即便你的意识层面很在意这些看法，你的行动层面依然能够不受其影响。

比如说，小赵认为你扎丸子头不好看，你以往的做法是不扎丸子头了，而你接下来要练习的就是继续扎丸子头。

你要做的是去克服自己的心理障碍，而不是让它们成为你不去做某件事情的理由。

你要记得，你不做某件事的理由只有两个：一个是你不想，一个是不可能完成。

而别人的看法并不在这二者的范畴之内。

2. 与别人意见发生冲突时，至少三次尝试坚持你自己的决定，不被别人说服

我知道这篇文章的绝大多数读者看到这个练习都会本能地抗拒。

但不需要我来做过多的解释，去尝试一下，你就懂了。

3. 尝试表达出自己的需求与感受

“我没有时间帮你。”

“如果你不能够像一个朋友一样尊重我，那我也没有必要去尊重你。”

“在我小时候你们伤害了我很多，所以不要再继续试图控制我，我不要任由你们摆布，今后我要过自己的生活。”

“我希望你能够多关注我，多陪陪我。”

“你要求我理解你，但为什么你却并不理解我？即便是我理解你，但你对我造成了伤害，我就有权利拒绝你。”

“别再对我评头论足，我想做什么是我自己的事，和你们这帮人没有半毛钱关系。”

“不！”

是不是类似的话在你心中憋了很久，但每次总是非常难说出口？

其实你知道自己的需要是什么，或者说最起码，你肯定知道

自己不想要的是什么。

你只是难以拒绝，不敢拒绝，也不会拒绝罢了。

那么你接下来要练习的，就是把这些你以往不敢说的话痛快地说出来，不再委屈自己体谅别人、被别人所控制，明确你的界限，捍卫你的立场，将你自己先保护好。

寻找自己真正想做的事，追求自我价值的实现，本身就是一件非常难的事情。你可以从拒绝自己不想要的开始做起，拒绝得多了，那些你想要的，也就会慢慢变得明晰起来。

《明朝那些事儿》最后说：这世上只有一种成功，就是用你喜欢的方式度过一生。

这句话对我产生了重大而深刻的影响，在许多年的工作与生活中，在追逐梦想和面临抉择的过程中，它始终提醒着我：须坚持你自己，你对自己负有完全的责任。金钱也好，名声也好，地位也好，这些都会诱惑和吸引着你的“社会我”。但你始终要记得，你不是社会的奴隶，你也不是社会的工具。

归根结底，就是三个字：

做自己。

求助的“潜规则”

程毅南

当你向别人求助时，需要留意哪些“潜规则”？

一、交换原则（互惠原则）

除非至亲和特别要好的朋友，否则向人求助时，首先要想想，别人为什么要帮你？帮助你对别人有什么好处？麻烦别人做事情，当然也要给予报偿，报偿的多少、形式和时间都因人而异、因事而异。一定要明白的是，别人的帮助不是免费的，是你需要用付出来换取的，最起码也应该说个“谢谢”。

二、因才制宜

向人求助的内容要适度。比如，不要求助别人很难做到，或者做起来很费劲的事。

另一点就是，不要求助别人过于简单（低于他的能力）但又很耗时间的事，比如不要求助你的银行家朋友帮你修厕所。简单但耗费时间的事，最好花钱请别人做，而不要请朋友来帮忙。

三、要能激起他人的同情心，否则尽量自力更生

一些人常常遭到拒绝，因为他们请别人帮忙的事，其实自己努努力完全可以做到，只是自己懒、怕麻烦，就推给朋友。这样的人其实很遭人讨厌，被帮助的概率会持续走低。

想要别人帮助你，首先你应该（看起来）确实需要帮助，要让别人对你有点同情心。有时候别人不帮你，不是因为你给的报酬不够多，而是因为他不同情你，而且有些看低你。

四、单一求助

当你站在一群人之中，大吼一声“谁来帮帮我”，周围人肯定心想“边上这么多人轮不到我来帮”。而当你抱住一个人大腿求助的时候，他就会认真思考一下到底要不要帮了。

当你向太多人求助时，责任会分散，每位被求助者感受到的

责任减少了，帮助的意愿就下降了；而当你告诉一个人“你是唯一可以帮助我的”，或者“你不帮我我就完蛋了”，我想效果会好很多。

这一点，在安全教育中常常出现。当你在公共场合遇到歹徒时，最好主动寻求一个特定的人（最好是强壮的男性）来帮你，而不是坐在地上大声呼救（当然，救命也是要喊的）。

五、体谅他人

请记住，无论这个人多爱你，无论他有多强大，无论他平时有多慷慨，他总有忙于自己的事、应接不暇、心力交瘁的时候。因此，在寻求其帮助之前，一定要先询问对方是否有空、有心情帮你。如果对方拒绝了，请不要说类似“你变了”“你不爱我了”之类的傻话。我相信每个人都有过忙得顾不过来别人的时候吧？

在别人帮助你的过程中（假设这个过程比较长），也请经常关心他们是否因为帮你而影响到自己的事了，这是一种礼貌（同时也是一种礼貌地查看进程的方式，如果对方因为自己忙而忘掉了，或者不好意思跟你说不干了，你也好提早知道）。礼貌不花你一个钱，要不了你几分钟，但这种行为温暖人心，往往令人身心愉快。

六、不要责怪

在你不付钱、没有签合同、没有立下“血的诅咒”的情况下，一个出于友情或同情心决定帮你一把的人，因为某种原因（请一定做换位思考），没有履行承诺，或者把事情办砸了，不要责怪他。人家出于好意来帮你，不欠你什么，所以也请你宽容一点。也许对方会出于补偿你的心理，以后对你更好；反之，如果你直接劈头盖脸骂一顿，以后再想求人家，先负荆请罪吧。

另外，我再分享两个求助的小技巧：

Foot-in-the-Door（“登门槛”效应）：向别人提出大的要求前，可以先提出较小的要求。对方如果对小要求不太介意的话，也就有可能不断降低底线，去满足你更大的要求。（对方可能会想：我都已经这样做了，为啥不多做一点呢？）

Door-in-the-Face（以退为进法）：向别人提出一个要求前，也可以先提出一个巨大的、别人一定会拒绝的要求。如果你俩关系还不错的话，因为对方拒绝了你，心有愧疚，再考虑到你的面子，有可能会满足你下一个比较小的要求。（示例：“妈，我要跟男朋友去日本。”“不行！”“那去青岛呢？”“不行。”“去密云总可以了吧。”“好吧，注意安全。”）

PART 5

高效执行

好的工作习惯让你事半功倍

曾加

我工作快一年了，虽然资历尚浅，仍是一个“职场菜鸟”，但自从参加工作以来，我经常注意观察主管们的做事方式，也聆听过一些他们的教诲，遇到有价值的东西都会及时记录下来，所以也算是总结了一些小小的人生经验。尽管不太成熟，还是希望能分享给大家。

我总结的工作习惯主要分为两类，一类是“做事”，一类是“做人”。在我看来，这两类习惯同等重要，都可能影响一个人的职业生涯。

【做事篇】

1. 一定要时刻清楚自己的核心工作

这是进入职场后最重要的一件事。很多人（也包括我自己）在刚开始工作时，马上就投入主管布置的任务中，却忽视了了解自己的核心工作。了解核心工作，有助于了解自己能产出的最重要的、不同于他人的价值。只有明确了这点，所有的时间管理、任务管理才有意义。

什么是核心工作呢？以数据分析师为例（其他职业也可以参考），在我看来，其核心工作主要有四个特征：

工作价值明显：我做这件事情，对业务的帮助是很直观的，能提升公司的业绩。在工作中，有太多探索性的、还没想清楚的事情，这些事情不是说完全不要做，但优先级要放低。

体现我的价值：我参与一个项目之前，必须要了解自己工作的价值点。如果在一件事情中，自己能发挥的价值很有限，就尽量把事情做“轻”。只有我的工作有值得说的闪光点时，才会投入更多的精力去做它。

投入产出比高：做一件事情前，必须要评估投入是否值得。我花费很多时间做的事情，在做完后，应该要有很多后续的反馈。

举个例子，我花了一周时间做了一张报表，是因为我确定业务方在未来的几个月都会去看它，并且会有持续的反馈，而不是看个两三天就不看了。如果是临时看的东西，就要用能快速解决的方式——除非那个临时看的东西非常非常重要。

半衰期长：对满足以上三条的工作，优先选择在较长时间内都对自己有帮助的。在清楚自己的核心工作内容后，我才能知道自己最应该做什么，而不至于陷入一些低价值的小事情中，降低工作效率。

2. 重视优先级管理

根据上一条的分析，我应该明确自己的工作职责和各项工作内容的重要性了。接下来需要做的事情，就是把工作按照优先级进行排序。

在每周伊始，我会把一周要做的工作分成四大类：重要而紧急的；重要而不紧急的；紧急而不重要的；不紧急不重要的。第一类事情的优先级显然最高；第二类和第三类事情应该注意时间点，穿插着做；最后一类是有空了再去做。

心中永远有一个优先级的顺序表，我才能在业务方不断打扰的时候，依然“不为所动”，按照自己的节奏做事。

3. 妥善安排和总结一天的工作

在一天的开始，安排自己的工作；在一天结束的时候，回顾自己的工作。

这不是一件需要花太多时间去做的事情，每天十分钟足矣，但它需要坚持。只有这样，才能了解自己每天的工作效率，不断地优化自己的工作模式。

有一点需要提一下：每天安排工作计划时，最好精确到半小时。

4. 不要孤立地看待任何一件事情

在做一件事情前，必须要考虑清楚这件事情的前因后果、它可能存在的后续工作，更为重要的，是你做这项工作所承担的风险。

在决定做一件事情前，请先弄清楚自己在整件事情中的角色定位和所处阶段。

5. 不是什么事情都值得你用尽全力去做好

首先，需要知道一个道理：事情是做不完的，而时间是有限的。

除非我知道我做的事情有很大的价值，否则，在做一件事情前，先想清楚最低的完成标准是什么，先去完成它，再考虑加工和润色。

6. 站在高处看问题

在我目前的工作中，经常会收到业务方的一堆需求。而这些需求是否合理、是否值得花时间做、是否有更好的解决方式，我是不容易看出来的。在这个时候，我得努力去站在更高的角度看待这个问题：这个需求的核心诉求是什么？完成它对业务的帮助是什么？

要了解到这些，不仅需要自己多思考，更需要多找人聊天，去了解业务的全貌。不仅仅是找业务方的基层员工，更要找业务方的主管。他们作为高管，看待问题通常比员工更有战略性，这样我也更能了解我工作的真正价值在哪里。

7. 及时做好会议记录

参与一项会议时，一定要记下会议内容。即使当时没理解也没关系，事后整理会议记录也许能帮助自己理解。自己主导的会议，除非有专门的记录员，否则就亲自记下来，会后及时整理并发给与会者——这非常重要。

8. 分清不同交流方式的优缺点

从媒介角度划分，交流方式可分为：面谈、打电话、用聊天工具沟通、发邮件。

这四种交流方式，都有各自的优缺点：

- 面谈：最高效，但需要参与者在时间和空间上都方便。
- 打电话：效率上次之，适合异地交流，但依然对参与者的时间有要求，不太方便留下交流痕迹。
- 用聊天工具沟通：交流直接，不必拘泥于时间，并且能留下交流痕迹。但效率相对低下，且不够正式。
- 发邮件：交流正式，参与者数量可以很多，但是效率也最低。

根据事情的特性，采用不同的交流方式。私以为，对重要而烦琐的事情，最好是面谈或电话会议，然后再在邮件中确认交流结果；不重要而烦琐的事情，可以拉一个文字群；重要而简单的事情，适合一对一电话，然后发邮件确认；不重要而简单的事情，通常在聊天工具中留言就可以了。

【做人篇】

1. 多夸奖，谨慎发表负面评价

同组同事或业务方很好地完成了一件工作时，多夸奖他。即使没有太多值得称赞的点，至少也可以夸他打扮得好看。

对他人有负面评价前，先假设他必然会知道，并且自己能够承担后果，否则就不要轻易发表，因为隔墙有耳。

2. 要主动争取工作资源

有时候，自己的业务方工作资源非常紧张，需要你说服他去做你想让他做的事情。你当然可以体谅对方的辛苦，但在争取资源时，还是要积极主动，不要轻率放弃——一次退让后，以后的每一次合作，你任务的优先级都可能会被放低，毕竟你“好说话”嘛。

3. 主动去做责任边界不明确但必须做的事情

这种谁都不想做但必须做的事情，应该主动去承担。别人会看见，且会感激你。

不要担心以后这样的事情都会归你做，因为你应该在这件事情结束后，尽快确认责任边界。

4. 若为甲方，一定要主动；若为乙方，不要主动

如果自己是业务方，则推进业务一定要主动，对重要的事情，尽可能多打电话，让对方意识到事情的重要性。不要寄希望于别人及时答复你，大家都很忙的。

如果对方是业务方，则不用过于主动地推进一件事情，这样别人可能会认为你很闲。当你很忙的时候，且找上来的业务方并不是高管，你甚至可以不接业务方电话——大家都很忙，不接电话很正常。如果事情真的很重要，对方会再来一个电话，或者给你留言，提醒你一下。

5. 要细心观察，判断业务方的工作模式

业务方是形形色色的：有些很和善，有些很强势；有些喜欢鼓励，有些喜欢批评；有些喜欢提出目标，但不一定需要完成（不靠谱），有些不轻易提目标，但提出后一定要完成（靠谱）。

一定要多观察他们，了解他们的行为模式，这样才容易判断一件事情是否真的重要，是否值得去做。

6. 希望别人提供帮助前，先想想自己能带给别人什么

如果我希望业务方多给我一些信息输入，那么就必须先想想自己能给对方带来哪些价值。合作的根基，是互惠互利。

7. 完成一件事情后，多同步相关的人

不要默默地做事。你的努力，应当被更多人看见。

8. 对标同级别的人

知道同级别的人在做什么，才能让自己的升级道路更加平坦。

高效生活实用攻略

曾加

能让生活变得简洁高效的习惯其实有很多，我这里仅列出几条自认为比较关键的。

“元建议”（meta-suggestion）：在开始做任何一件需花费不少于半小时的复杂事情之前，先留出大约 2% 的时间做计划。

这条建议的精髓是什么？2% 吗？不，是“任何”。因为我们常常因为贪图方便而忽视它。

它真的适用于任何场景：

- 写一篇作文，在构思好内容后，应该花上 2 分钟左右列提纲，预估一下每一段的字数；

- 参加一次 2 小时的考试，在拿到考卷后，不要立刻开始做，应该花上两三分钟的时间浏览一下整张卷子，看看自己将面对什么样的困难；
- 和客户谈一个项目，不要马上开始谈，而是花上几分钟和他说一下今天要说的内容梗概；
- 来到单位，即将开始一天 8 小时的工作，先别马上投入进去，而是应该花 10 分钟整理一下今天要做的事情；
- 制订年度计划，应该用差不多一周的时间，制订月度计划，半天时间足够；
- 确定自己未来的职业时，不要担心，哪怕用一年的时间来试错和彷徨都是毫无问题的。

……

有时候，我们会因为觉得制订计划十分烦琐而不去实行，然而实际上，其所耗费的 2% 的时间常常有不亚于埋头工作 10% 的时间的效果。它不仅帮助我们节约了做任务时“衔接环节”所需的时间，还会带给我们一种踏实感。同样去做一件事情，“先做了再说”和“胸有成竹地做”效率是截然不同的。

面对“攻略”，在“多而简略”和“少而详细”中，尽可能选择后者。

我将这条建议置于醒目位置，因为它是对很多以“高效生活”为主题的同类文章的含蓄批评。关于这个主题，很多文章都写了二三十条建议，而每条建议都只有一两行甚至几个字，却获得了上千人的赞同。不可否认的是，人们确实喜欢这种模式，否则微博和微信公众号中那些类似《莫言对年轻人的五十条忠告》《心灵禅语三十句》的文章就不可能那么火。

然而，实际上，“多而简略”的东西，我们从来都记不住。这是因为，人长期记忆一样东西，是需要较多的记忆成本的，单个维度的反复记忆，记忆效果远不如在多个维度上强化。正是因为如此，只有把一个问题说清楚，才能让人印象深刻。

所以，看到各种“精简”的整理帖，不要急着点赞和转发。实际上，一般你是很难记住它们的（甚至都不一定会去仔细看），而对把一个问题说透彻的帖子，点赞和转发就行，一般无须收藏，因为它已经给你留下了难以忘怀的印象。

当然，如果一定要收藏——

尽量用一个统一的平台来整理各处的碎片化知识。

感谢信息时代，碎片化的内容在今天越来越容易保留。

然而当下信息时代发展得并不完善，跨平台的内容还不太容易统一处理。

在网上看到好的文章或内容，把它们复制粘贴到 Word 中还算容易；但在手机上，在不同平台上看到好的“碎片”，整理起来就多有不便。好在现在有很多“云笔记”之类的应用可以帮助我们完成这些操作。

比如一些“干货”比较多的内容平台，像知乎、微信一些公众号，可以直接将内容收藏进云笔记中进行整合。这样就大大节省了我们未来寻找这些碎片化内容的时间了。而且，当我们在工作中使用这些碎片化内容时，也不会受到内容的来源，即社交平台的干扰，可以专心做事。

当然，我们真正需要的碎片化知识，并没有我们想象的那么多，所以我们要——

定期整理暂时不用的东西，顺手的马上做，不顺手的，延迟处理时长尽量不要超过使用周期的 20%。

顺手的马上做：加了新的微信好友，马上写上备注名称；下载个文件，马上放到归类文件夹……

不顺手的，延迟处理时长尽量不要超过使用周期的 20%，比如：

花了 20 天写了一篇论文，那相关的资料就尽可能在未来几天内整理到电脑的相关文件夹里；

过冬的衣服不穿了，半个月后就不应该放在醒目的位置了；

花了一学期学了一门课，一个月后这门课的资料就应该整整齐齐地放在该放的地方；

……

当然，整理东西的周期并不总是越短越好的。因为整理会打断一些正在做的事情。每天整理办公桌很好，每小时整理一次就很浪费时间了。

说到浪费时间，我也有个建议——

在经济可承受范围内，多用钱换时间，而不是用时间来换钱。

在这个世界上，有太多愿意用时间换钱的人了，这也容易让我们忽视时间的价值，而总去选择多花时间做低效的事情。实际上，很多时候，为了省下时间选择相对“贵”的东西，往往是很值得的。

比如：

有些人喜欢走几里路去另一个菜场买菜，就是为了便宜几块钱；有些人为了等打折，明明八月份就需要买的手机，偏偏等到

"双十一"才买。

这些行为，从经济上来说，其实都是得不偿失的。

当然了，肯定会有一些人不同意我上面的观点，所以我给出的下一条建议是——

和不相关的非熟人辩论，不要超过三句。

一句话用于表明自己的立场，一句话用于解释自己的立场，最后一句话用于阐述对方立场错误的原因。三句话足矣。

为什么不要多说？因为大家的背景差异往往很大，很难相互理解，并且成年人的观点往往根深蒂固，本来就很难说服，所以，过多的辩论其实是在浪费自己的时间。

以上就是我针对让生活变得简洁高效的一些建议。

从“懂”到“执行”有多远的距离

风墟

“我知道他是个渣男，但我就是无法离开他。”

“我知道还有两周就要交论文了，但我就是拖着不想做。”

“我明白这件事急不来，但我还是会忍不住焦虑。”

“道理都懂，但我就是做不到”，这是一个非常普遍的问题。在我看来，这个普遍性的问题共有七个主要的形成原因：

一、“懂”和“执行”之间没有必然的联系——引发你行动的，不仅仅是理智层面的懂得和理解。

在大众通常的认知里，仿佛“懂得”了就一定等于能“做到”。当我们试图使另一个人有所改变的时候，几乎所有人用的方法都是——劝说。仿佛只要把对方说通了，说明白了，他就能够做出改变了。

但事实上，对相当一部分说出“道理都懂，但我就是做不到”这句话的人而言，他们说出这句话在某种意义上其实是为了传达这样的意思：“你看，道理我都明白了，但对我没有什么用，所以不要再试图令我改变了。”除此之外，若人们总是将“懂得”与“执行”挂钩，甚至还有可能会在“知道但做不到”的现实情况下引发一定程度的焦虑心理。此时“懂得”之于执行层面，非但没有助益，甚至某种程度上形成了阻碍。

二、你所了解的这个道理可能会带给你的结果，并不一定是你真正想要的。

有非常多的人的焦虑和痛苦源自一种笼统的“渴望得不到满足”——可能是出于“变得更优秀”“变得更好”之类的目的，或是出于对别人的羡慕而将一些道理与方法原样套用在自己身上，但却始终达不成目标。

还有不少人是由于幼年时期被父母、老师等其他长辈寄予很多高标准的期望，导致其形成了一种“过度追求完美和理想化的自我”的倾向。

比如有许多处在考研阶段的人，总是非常焦虑，一方面知道自己应该静下心来好好学习，另一方面又总是会在该学习的时候不停地玩手机，刷微博、刷知乎浪费时间。日子一天天过去，内心也越来越着急，但行动却永远都跟不上想法。

于是他们终日被焦虑和恐慌裹挟着，却未曾停下来想一想，这样不正常的心态，会不会是由于自己考研的目的只是为了逃避找工作的压力？或者考研只是父母的安排，并不是自己想要的？

三、“懂”仅仅是止于“理解”，理解只是“理智性领悟”的开始，你还没有达成“感性领悟”，或称“有效性领悟”。

或者说，尽管你在理智层面上“知道”了，但你的内心深处坚持的还是之前的那套认知。

人类拥有理性，但问题在于，为我们做事情提供驱动力的并不是理性，而是情绪、情感、憧憬等这些“感性”层面的要素。

从某种意义上讲，我们是由理智与情感这两个分裂的部分组成的，它们时常会出现冲突。不管你理智层面上对成功有多么大的渴望，不管你多么了解成功之前你需要付出的努力，如果你无法发自内心地热爱你所从事的这份事业，不能在感性层面上对你所要做的事情充满激情，那么你毫无疑问会陷入懈怠和拖延，最终什么都做不了。

四、我们的大脑在一刻不停地盘算着“怎样将我的痛苦和付出最小化，怎样将我的快乐和享受最大化”，所以我们会本能地喜欢和倾向于待在自己熟悉的舒适区之内。

懂得了一个新的道理，想要实现一个新的改变，往往意味着你要跳出自己的舒适区，要经受一定程度的挑战甚至痛苦。

可我们不愿意付出努力，我们不想承受痛苦，我们只想一觉醒来之后一切自动地改变了，只想着在未来的某一天自己忽然就不再拖延了，只会一味地幻想到了年终，自己的业绩忽然就提升到公司第一了。

我们只会用幻想去满足自己来缓解焦虑，而很难在行动的层面上付出任何的有效努力。

“我知道我应该离开这个不爱我的男人，可我就是做不到。”

事实上，没有人拿着刀架在这位女士的脖子上，告诉她你要是离开这个男人我就杀掉你。所以“可我就是做不到”这种说法本身就是一种逃避。

如果你继续问下去：“你为什么做不到呢？”

那么她会回答你：“因为离开他真的太痛苦了！我觉得我承受不了！”

你告诉她：“但如果你不离开这个人你现在也是很痛苦。”

她会说：“我知道。但是两个选择都很痛苦，我该怎么办呢？”

是啊，她该怎么办呢？

有很多人和这位女士一样，他们希望的是，能够拥有一种不用承受痛苦就能达成改变的方法。

但他们没有意识到，改变往往伴随着痛苦和丧失，换句话说，经历痛苦本身就是改变必不可少的一个过程。

五、“短视”是人类的一种本能。

事实上，一个月后，甚至一周后的自己，对现在的我们而言都相当于是一个“别人”，我们并不会在乎一周后没完成任务、没写完稿子、没完成计划的那个自己有多痛苦。

你想的是只要“现在的自己”很爽、很轻松就足够了，反正一周后的痛苦、批评、自责又不是由“现在的自己”承受。

所以何必要努力呢？何必要承受痛苦呢？

努力了，改变了，痛苦的是“现在的自己”，而享受好处的却是“未来的自己”。

我们对“未来的自己”的把握其实很模糊，事实上，我们从心底就将“未来的自己”与“现在的自己”分割开来了，所以当下往往无法切实地把握到自己未来的利益。

六、没有真正理解“道理”的实质内涵，不明白待改变的行为背后的发生逻辑，或是没有为行动制订切实可行的计划。

你知道拖延对你不好；你知道选择有时候比努力更重要；你也知道多读书对你有好处。

但是知道这些可能对你没有一丝一毫的用处。

因为你并没有真正理解，或是你自身的经历还不足以令你彻底理解——

拖延究竟为什么对你不好？拖延的原理和机制是怎样的？你为什么会拖延？继续拖延的后果有多严重？

这些，是“拖延对你不好”背后的逻辑支撑。

又如，多读书为什么有好处？应该读什么样的书？按照什么样的计划去读？怎样通过阅读建立自己的阅读体系？怎样读书效率最高？

这些，是“读书对你有好处”背后的逻辑支撑。

为什么很多人要在经历一些事情之后才会发出感慨：我现在才算是真的懂得了 ×× 道理？

因为直到亲身经历了，他才能体会到一句道理背后的所有内涵和延伸，他才真正地“理解”为什么会是这个样子。

当我们看待一个问题的时候，往往只能够看到表面上浅薄的一层，所以如果你只知道自己拖延不好而不去深究背后的原因，就只会想着怎么针对拖延的表象去解决问题。

你没有意识到你需要从你的行为模式、心智模式等多种角度来审视这个问题——你需要找到你问题的根源。也许拖延只是表面现象，背后真正的问题可能是你对你所做的工作的抗拒。

但是在绝大多数的情况下，人们都是在“用战术上的勤奋掩饰战略上的懒惰”，你想逐渐养成早起的习惯，但你只会一次又一次地下定决心明天一定要六点钟起来，给自己定四个闹钟，仅此而已。

你从没仔细了解过自身的睡眠习惯，你也不去学习和了解饮食、光照、运动这些因素对睡眠的影响，你不愿意给自己制订一个具备可执行性的、能令你一步步地达到目标的计划。你只想一蹴而就，你只会也只知道“硬干”，起不到作用就泄气，并认为自己已经付出努力了。

但实际上，你做的都是无效的努力。只有针对问题做出明确且详细的分析，制订具备可执行性的计划，才叫真正的有效努力。

七、你懂得的“道理”和你自身的认知系统和思维习惯存在着冲突，不兼容，导致你在某些问题上会处于矛盾与挣扎的状态，所以无法做出行动。

“我知道你说的是对的，但我还是无法接受。”

这就是一种非常典型的外界信息与自身的认知系统不兼容的情况。

人的认知系统是一个逻辑严密、不同部件之间有着紧密联系的整体，但同时，我们的许多认知行为习惯本身即存在不相一致之处，这种不一致经过长年累月的积累而使二者显得各自为政。

这就是为什么改变对每个人而言都是非常困难的事，以及为什么改变总是要伴随着痛苦。因为每一次改变，或多或少都要涉及整个认知系统的调整，还意味着你要与多年形成的积习做斗争。所以，当我们试图把接收的新信息、新道理纳入和内化到自身的认知体系中时，总会遇到不小的困难。

但这还只是其一。另一点也是非常重要的一点在于，由于不兼容和冲突导致的矛盾和挣扎，令你始终无法做出决定和行动。

事实上，我们一开始就不清楚该如何做出选择，因为整个世界充满了未知和不确定因素，严格意义上来讲，任何一个决定和选择都不存在对错、好坏的分别。

但是如果没有一个区分标准供我们参考，我们就无法怀揣安全感地做出选择。我们害怕做出令自己后悔，对自己有弊端，甚至会出现危险的选择，所以我们制定了各种各样的规则和标准作为我们的行为准绳。

但是，问题又出现了。因为评判的标准太多，甚至每一个人的评判标准都不一样，所以你会感到无所适从，你也无法确定哪一个选择对你更好，于是你就停留在了长久的犹豫和迟疑之中。

那么，要如何才能更加高效地达到知行合一呢？你要怎样才能“知道了”便能够“做到”呢？

我试着总结了相对“普适”的六个步骤：

第一步，要清除掉你自身携带的阻碍因素（诸如懒惰、悲观、短视、依赖别人、极端等），或是与绝大多数的道理和经验都不兼容的一些特质。

每个人的身上都会有几种对其思想行为影响极大的负面特质。这几种特质往往导致许多事情都做不成，你甚至会发现人生中的许多个需要决断的时刻，自己都在被这几种负面特质所困扰。这几种负面特质经年累月甚至已经成为你的习惯，它们始终横亘在你的面前，成为你改变的最大阻碍。

面对阻碍，你能做的，是思考下面几个问题：

在你的生命中，对你影响和阻碍最大的负面特质是什么？

它们的形成原因是什么？

你将如何有计划地将它们去除？

第二步，主动进行大量的学习与积累，扩大你的视野，强化你对事物的洞察力。

偏见和执念往往来自缺乏思考。不断地扩大知识面和视野，能够让你在看待问题的时候更加深入和全面。

第三步，你需要将自己调整到一个易于接受新知识和新观念的状态，建立一种开放式的心态。

第四步，你需要培养让理智成为行动的主导的习惯。

你要重新摸索或调整“理智”与“情感”的交互方式，要能够让你的理智顺势而为，去驾驭你的情感，令你的感性为你所用，而非不停地同你的理智抗争。

第五步，制订具备可执行性的计划。

“具备可执行性”意味着你制订计划的最终目的是——有效。

也就是说，如果这个计划你很有可能执行不下去，或者是因为懒惰而过了两天就忘了，或者是因为拖延而对这个计划产生抗拒，那么这个计划就是不合格的，因为它对你不具备可执行性。

一个计划行之有效的前提是你要先了解你自己，根据你自己的秉性与习惯来设计步骤。你不能只针对你想改变的地方硬来，要记住，你始终都无法强迫你自己。

你必须看得长远一些，给自己足够的时间，从最基本、最微小的改变和练习计划开始。

第六步，持续练习，令新的观念逐渐替代旧的观念，用新的行动逐渐替代旧的行动。

唯有持续的坚持与练习才能够带给你深入且扎实的改变。不仅是行动，包括认知习惯的改变，也需要你有意识地自我提醒与矫正才能够逐渐达成。

这个时候你可能会说：这简直都是废话，谁都知道持续地练习才能获得改变，但问题是，我坚持不下来呀！你只有告诉我怎样才能坚持下来的切实有效的、具备可执行性的方法，这才算是真正的“干货”，否则也不过是一碗空洞无物的鸡汤罢了。

对此，我的回应是，首先，人的改变是一个循序渐进的过程。你需要先完成前期的基础工作，才能处理后续的问题。在前期步骤没有完成之前，你对要解决的问题的理解和认识都是有失偏颇的。

也就是说，前面的清除阻碍、大量学习、开放式心态等，都是你能够持续练习的必要前提。在这些前提条件未被满足的情况下，你很难坚持下去。

其次，前文其实已经阐明这样一个观点：一篇文章或者几个道理之类的，永远不可能对你产生真正的帮助。

即便某些道理在你人生中的一些特殊时刻帮到了你，那也只是因为你在此之前做了恰到好处的积累。如果你现在的思想境界和心智水平不足以达到引起变化的程度，那么无论多么好的文章，无论多么精辟的道理对你来说都没有实质性的用处。

所以归根结底，什么才是真正能令你成长、令你改变、令你成熟的方法呢？

我想只有一样东西——经历。

唯有你自身的经历才能够给予你最真实、最全面的感受，唯有经历才能够令你真正理解和体会到什么是生活。你会明白所有的道理、所有的经验之于我们只不过是对复杂生活的一个不准确的总结，没有任何道理能够真切地反映出生活的真谛。唯有生活本身，才是真正的生活。

搭建你的人脉关系

空白女侠

我是一名理科生，曾经是默默无闻工作型的人，不善于交际，并且潜意识里对身边那些交际颇广的人嗤之以鼻，总觉得人啊，单纯地做好分内工作，过好这一生就得了，用不着经营人际关系。

后来发现真是太天真！如果你想长久地在职场上混，必修的一课就是建立资源节点，俗称“人脉”。

最近很多自媒体上都流传着一篇关于“程序员过了 35 岁就失业”的文章，很多做技术的小伙伴来问我的看法。其实在我看来，不管是技术、业务知识还是管理能力，都不如自己在职场中积累的人脉有价值。很多时候，在他人看来很复杂的事情，通过你构建的人脉说不定很轻松地就能解决。

之前我有一个下属想跳槽，正好一个朋友公司需要招数据分析师，他各方面要求都匹配，于是我就把他推荐过去。当时，他去了那边只是形式上面试了一轮就录用了。我问朋友为什么，他说我信任你，所以我信任你推荐的人。

大家要知道，往往好公司的岗位都是内部推荐的，这个时候，不管你多优秀，一旦没有人脉，就连申请的机会都没有。由此可见，职场人脉多么重要。

那么我们该如何搭建自己的人脉呢？

在我看来，搭建人脉和经营企业的方法相通，只需要 12 个字就可以完美总结：建品牌，拓渠道，讲诚信，重细节。

下面就带大家逐一拆解。

一、建品牌

其实每一个人都相当于一个公司，你自己日常工作和为人处事中的一点一滴都会形成大家对你这个品牌的认知。外界往往对每个人都会有一个评价，比如："小张做事非常负责，能力很强，主动性也非常棒！""小李能力还行，但就是不能吃苦，太娇气了"，等等。工作中，当两个人能力差不多时，往往就会因为这种品牌差异，一个被委以重任，一个被"束之高阁"。

由此可见，一个人的“品牌”会严重影响职业发展。

那么，应该如何搭建自己的“品牌”呢？这里我提出比较重要的三点：

1. 具备靠谱的专业技能

任何一个职业都有专业要求，就拿通常酒店对大堂经理的要求举个例子：着装应该齐备整洁，衣服和皮鞋要一尘不染；与客户沟通时既要彬彬有礼又要不卑不亢；对酒店管理的每一个细节都要了如指掌；对尚未出现的问题做好充足的准备；对已经发生的问题临危不乱，有条理地予以解决，等等。

所谓外行看热闹，内行看门道，一个人的专业技能如何，从他日常工作产出中一眼就能看出来。这就要求我们在工作中要锤炼专业技能，对自己坚持严要求、高标准。

2. 培养认真负责的职业精神

所谓职业精神，指的就是对待工作中的问题的态度。我任职的上一家公司中，有两个做同一系统的研发人员能力差不多，其中一个在工作时，遇到困难就“甩锅”，而且到时间就下班走人，不管项目多忙多紧；而另一个研发遇到问题时会加班加点地解决，不解决问题不下班。大家可以设想一下，如果你是领导会重用哪个人？

3. 具有积极主动的工作态度

还是在之前公司中，有一个外包公司的员工，技能不错，工作也认真负责，分配给他的事情都挺让人放心。但是他最大的问题就是只做分配给自己的工作，做完以后就自己学习技术，不管别人多忙都是如此，从来不会主动申请工作。那个时候，我本来想向领导申请给他转正，但考虑到这点，最终没有申请，我也挺为他感到可惜的。

其实个人的品牌建设涉及很多方面，上面只是列举了三点个人认为比较重要的，真心希望每个小伙伴都能注重自己的品牌，有耐心有恒心地建设下去。

二、拓渠道

每个人的能力都是有限的，光靠自己可以提供给他人的帮助也是有限的。但如果能够连接起更多的人，提供更多的价值，那么基于此，就可以建立起广阔的人脉资源。

人脉就好比是一条条河道，其中需要不断流动的活水才能保持河道的通畅。每家公司可能都有这样的人：他是公司的“包打听”，所有消息都可以从他这里获取到；他是公司的“哆啦A梦”，你有什么困难他都可以想办法帮你解决。所以，当他有求于你的时候，你自然会全力帮忙。可想而知，这样的人建立起的人脉资源会非常丰富。

其实每个人都可以建立起活跃、通畅的人脉关系，关键在于他人找到你时，你愿意动用已有的渠道帮忙。这里我建议大家不要吝啬，人脉保持的最好方法就是拉入更多的人，将人脉网络不断扩张，从而让这个网络里的人获取更大的价值。

三、讲诚信

“人无信不立，业无信不兴，国无信则衰。”对一个人来说，获得他人的信任是非常艰难的，而毁掉信任却异常简单。这就要求我们在日常工作和生活里特别要注意对自己“诚信品牌”的维护。

我刚刚加入咨询行业的时候，有一次和领导约了一个内部会议。由于路上堵车，我到达公司的时候迟到了 10 分钟。我领导因为这个训了我半个小时，他批评的核心一点就是做人一定要守信，守信的表现就是守时，如果觉得自己可能要迟到，一定要提前给约好的人打一个电话，告知这个情况。否则会因为这一件小事让别人觉得你没诚信，要再挽回就异常艰难了。

大家一定要像保护眼睛一样保护自己的信用，说出的话要尽量做到，让别人建立起对你的信任。

四、重细节

人与人之间的关系是非常微妙的，想要建立并保持一段关系并不容易。很多时候，大家以为请客吃吃喝喝就可以建立好关系，实际上往往并非如此。在我看来，维持人与人之间的关系最重要的是要“走心”，注意细节，而并不在于花多少钱，送多少礼物。

记得有一个同事结婚给大家发喜糖，很多同事只是象征性地向她表示祝贺，而我特别问了她一下去哪里度蜜月。在得知她会去海岛度蜜月时，我专门给她买了一个太阳镜，方便她游玩的时候保护眼睛。她当时非常感动，回来之后还专门带了当地礼物送给我。两年后偶尔聊起来，她和我说，那么多同事里，只有我一个人买了礼物送给她，而且礼物还那么贴心，让她非常感动。其实那个礼物并没有多珍贵，只是因为我真的在设身处地为她着想，才会让她一直记在心里。由此可见，细节在人际交往过程中多么重要。

最后，我还想给大家指出一点，那就是很多人建立人脉的动机不纯，功利心极强。越是如此，其实越会出问题。

我在建立人脉的时候其实只是想寻找职场中与自己志同道合的朋友，并把大家“链接”在一起。很多事情往往是水到渠成的，太过于用力反而“欲速则不达”。希望大家都能如愿在职场中搭建好自己的人脉网络。

如何开好一场会议

空白女侠

我曾经是一名非常讨厌开会的工程师，现已成长为天天组会的咨询顾问。

我在世界各地组织或者参与了很多场不同形式、不同规模的会议。与会者来自不同的团队、不同的部门、不同的公司甚至不同的国家，既有基层工作人员，中层管理者，也有公司高管；会议的形式既有面对面会谈，也有远程语音或视频接入。总体来说，现在的我已经可以顺利地通过会议来协同周边资源，从而达成业务目标。在这里，我将向大家介绍不同的会议类型，以及每种会议适用的业务场景和注意要素，相信通过阅读本文，大家能够掌握好开会的“艺术”。

在很多公司里，稍微大一些的工作或项目都是有多个关联方参与其中的。为了推动一件事情顺利进行，召集会议往往是最常用的方法。然而大家可能会发现，通过开会来推动工作进展似乎比想象中困难得多：要么是陷入冗长无效、反反复复的会议日程里，要么就是会议上多方激烈争吵但得不到结果。最终结果往往是精力和时间都耗费在会议上，工作并没有实质上的推动。

其实，开会看起来简单，但真正要开好却是一场不小的考验。我们首先必须要弄清楚会议分为多少种。

看到这里大家可能会疑惑了，开会就是开会，难道会议还有区别？答案是肯定的。

总的来说，开会的目的是为了通过沟通讨论，达成参会人员对某件事情的统一认知。但是在不同的阶段，面对不同的人群，开会的目的和方法其实大不相同，具体的体现就是不同类型的会议了，下面我列出一张表格(表5-1)，表中的会议类型取名很通俗，是为了帮助大家更好地理解。

表5-1

会议类型	会议目的	会议对象	会议要解决的问题	建议的形式
摸底会	了解现状和关联方的态度	所有关联团队的决策人	摸清楚会议讨论事件所要面对的现状，特别是大家对你想要推动的事务的态度	小范围圆桌会议（圆桌代表公平）
吹风会	给所要推动的事务造势	所有关联团队的决策人及核心骨干	对所要推动的事务进行“造势”，让大家认识到事情的重要性/正确性	大范围讲台式会议
协调会	解决事务推动过程中发现的问题	部分团队的决策人及部分核心骨干	解决推动过程中发现的问题，处理推动过程中存在的负面事项	小范围圆桌会议
决策会	对事务进行决策，明确每个关联方的责任和范围，并制订工作计划	所有关联团队的决策人及核心骨干	达成对事务的统一认知并明确各个关联方的职责和工作	方桌会议（体现主次）
碰头会	及时同步信息	会议负责人下一级的负责人员	日常工作中关联方信息不同步	小范围、短时间的会议，比如站会
通气会	及时向上/外同步信息	更高级别的决策人	日常工作中上下级/内外信息不同步	发布会，或以发通告、邮件等方式替代

看到这么多会议类型，大家是不是感觉心头一紧？原来会议也分这么多种啊！那应该如何选择正确的会议类型来推动工作呢？接下来我就和大家好好聊聊。

一、摸底会

摸底会的目的是为了搞清楚当前工作所处的状态，以便为后续的决策提供支持。

举例：

公司的 CEO 希望在新的一年中把全年销售指标提升一倍。这个目标的确是由 CEO 来制定，但正式宣布之前，起码要先了解了解各个业务部门老大的想法吧？

所以 CEO 就需要先召开一个会议，同各个业务部门的负责人沟通新的一年的销售指标。在沟通之前，CEO 可能并没有公布自己的想法，而是先让各个业务部门的负责人自己去想，纯粹是想看看他们自己的规划，以及制定这个规划的逻辑。如果所有部门的逻辑都很充分，CEO 可能也会部分采纳，最终形成对公司整体发展目标的判断。

所谓“知己知彼，百战不殆”，此类会议的目的就是了解他人的想法和底牌，以便让自己的决策更加合理。因此，此类会议一般在一件事情开展的初期就会举办，并且形式应该是令人轻松愉快的，要让他人不设防，能够畅所欲言，充分表达自己的想法和观点。只有这样才能够实现会议的目的。

看到这里大家可能会说，CEO 制定指标难道还要参看其他部门负责人的想法？我只能说，古代皇帝做决策还要听臣子的意见啊！一方面，CEO 毕竟距离一线较远，对很多细节信息的把握存在缺失；另一方面，CEO 的决定还是要靠各个部门落地的，如果不被大多数人认可，那么决策了也无法落地。而摸底会正好能够完美地解决这一问题。

二、吹风会

对各方的意见都充分了解后，就需要开始统一思想了。如果各方意见相对统一还好办，如果差异很大就非常痛苦了。然而，痛苦的事往往是经常发生的（真是一个悲伤的故事），而吹风会就成为统一思想的利器。

举例：

在前期的摸底会上，CEO 了解到各个业务部门对新一年销售增长预期都远低于 1 倍，理由是新的一年经济形势不好，市场增长会放缓；同时公司目前只是行业老三，面对行业形势的整体下滑，挑战只会更严峻。之后，CEO 召集各个业务老大以及部门经理开了一场会。

在会议上，CEO 给大家分享了一下董事会对公司的期望以及市场的发展趋势。在会上，CEO 表示董事会对公司的期望是未来 3 年能够成长为行业老大，明年市场增长虽然会放缓，但也是一个超越对手的好机会，而要实现这样的超越，我们需要在明年实现销售额 1 倍以上的增长。

这个目标很有挑战性，CEO 提出，董事会将满足公司为了这个目标的达成所必需的资源要求。最后，CEO 请各位部门负责人回去再思考一下，要达成这一目标所需的方法、资源以及计划。

吹风会往往是在摸底会开完后举办的。本质上说，吹风会算是针对摸底结果举办的一场目标的说明会，目的就是告诉关键人员，一件事情为什么要做，以及希望做成什么样子。很多时候把事情讲清楚，就容易获得他人的理解；而获得了他人的理解，才能得到他人全力的帮助。

三、协调会

一般而言，即便大道理讲到天上，让别人直接俯首帖耳的概率也几乎为零（真要这么容易也不用摸底 + 吹风了不是），那么接下来就到了解决问题的时候了。

目标已经说过了，关联方你得做到啊。什么？臣妾做不到？

那好，说说你的困难和要求，我帮你解决。没错，这个协调会就是解决问题的，让关联方把问题和困难摆出来，逐一梳理解决，问题都解决好了事情不就好做了？

举例：

吹风会结束后，CEO 逐一和业务部门开协调会。A 部门说，销售额明年要翻一番，那我要销售人员增加 50 人，而且要年底就招到位，需要人力资源部门支持（此时距离年底还有 1 个月）；B 部门说，销售额明年要翻一番，营销费用也要增加啊，市场不好，我们更需要有力度的营销。我们初步测算了一下，营销费用要增加 3 倍，需要财务部门支持……

看到这里大家应该明白了吧，重担在肩，每个团队或个人都会提出各种条件，你要让马儿跑得快，也要让马儿吃得饱，不是吗？大家可能会说，那直接满足要求不就好了？那接着看下去：

人力资源部提出，要一个月招聘 50 人根本不可能；财务部门反馈，营销费用增加 3 倍集团肯定不会批……

在企业中任何一件事都不是独立存在的，正所谓“牵一发而动全身”。这个时候，正是需要召开协调会的时候。协调会的目的一方面是收集关联方的问题和诉求，另一方面也是识别关联方的关联方。通过这样的会议，才能够把影响最终目标的所有因素梳理清楚。以上只是协调会的目的之一，另一个目的自然就是让各方达成一致了。

此时作为CEO，就需要把关联的团队召集到一起进行“撮合”了。你没看错，是“撮合”。一方面，A部门你一定要50个人吗？把逻辑讲清楚。为什么需要年底招到位，能不能年底前先招10个人？另一方面，人力资源部你们最多同时可以招多少销售？把逻辑讲清楚……通过这种方式，最终要让关联方之间找到解决方案，并达成平衡和一致。

在这一部分的最后，我要提醒大家：协调会是所有类型会议中最难开的。一方面，会议充斥着各种讨价还价；另一方面，往往开着开着就会引入其他关联方。因此，协调会往往一场不够，要做好打持久战的打算。一般而言，只要每次会议结果都能够推动事情往前走一步，会议就算是成功的。

四、决策会

以上三种会都是“民主”的，总体来说都是尊重各个与会方的发言权利，允许吐槽、诉苦和提条件。会议上大家可能觉得CEO和孙子差不多，完全没有想象中的威严嘛。这个印象要在决策会上发生翻转了哦。

决策会的召开时间一般会在各方要求基本协调完成后。一方面，大部分的问题和矛盾此时已经解决，从大局上看，主要参与方的诉求已经满足；另一方面，剩余的问题短期内也无法解决，再继续协调下去，非但效率不高，而且影响团队士气。这个时候，就需要 CEO“乾纲独断”了。

举例：

在和主要业务部门协调一致后，CEO 召开了决策会。在会议上，CEO 宣布整个公司明年的目标是销售额翻番。其中 A 部门销售额需要增长 1.5 倍，部门新增 45 个销售 HC（人员配额），分别为年底前入职 10 人，一季度入职 10 人，二季度入职 25 人（一季度达成情况下），人力资源部全力支持招聘工作；B 部门销售额需要增长 1 倍，第一季度营销费用多 2.5 倍，第二季度营销费用多 1.5 倍，第三季度和第四季度不增加，全年累计增加 1.5 倍营销费用。多出的营销费用分摊到公司的全年费用中。虽然之前 B 部门不认同营销费用全年增加 1.5 倍，但 CEO 还是这么拍板决定下来了。

通过前面的摸底会、吹风会和协调会，大部分关联的部门都认可了执行方案，而在决策会上还要做两件事：

第一件：确定最终目标，明确各个关联方的职责和关系；

第二件：明确下一阶段各个关联方的工作目标和行动。

简而言之，就是事情决定下来了，每个人该干的活分好了，每个人要做的事情也安排好了，就抓紧干活吧。

五、碰头会

既然工作安排好了，事情开始做了，以后就再也不用开会了吧！（你想什么呢？这是不可能的。）

由于工作是由不同的人在做，要保证事情按照计划顺利进行，就需要定期在一起对齐工作进度，同时要看看是否有新的情况和问题需要处理。而这个时候，就需要“碰头会”了。

举例：

在业务目标分派后，CEO 要求各个部门经理每半个月开一次碰头会，主要反馈一下目前的工作进展以及遇到什么样的问题，需要什么新的支持。会议上只了解情况，不解决问题，所以会议时间只需要 1 个小时。

要想管理好整个工作，保持一定频率的碰头会是非常必要的。但是要切记，碰头会只反馈进度和问题，不要在会上讨论，避免开成长会。会上反馈的问题再通过协调会的方式来小范围解决。

六、通气会

工作做到一定程度就需要给外部机构或更高级别的领导汇

报了。（什么？CEO就是最高级别了？你把股东会或董事会放哪里……）这个时候就要用到“通气会”了。大家如果炒股应该知道，每次公司财报出来，公司的高管都需要开电话沟通会，这个本质上就是一种通气会。

通气会的目的就是把一段时间的工作做一个总结汇报，让其他部门和更高级别的领导知道。一般来说，如果工作内容不重要，就可以用发邮件的形式替代，所以在日常工作中通气会出现的情况不多。但如果真正是由一个公司的掌舵人负责主抓，或者工作内容非常重要，还是需要定期组织一次通气会的。

看到这里，可能很多同学会说，你举的都是CEO的例子啊，普通员工应该怎么做呢？

我想要说的是，把这些例子中的CEO替换成经理、主管甚至一个小小的项目负责人，基本都是适用的。因为工作有大小，方法无差异。就以会议来推动工作而言，道理都是相通的。

唯一不同的地方可能就是在决策会上，需要引入足够量级的“大佬”来摆平事情，而找“大佬”这件事情又涉及职场中的上下级沟通（职场中的工作真的是一环套一环，缺一都不可）。

最后，对一些不那么复杂的工作，可以考虑把一些会议组合起来开。比如摸底会和吹风会组合在一起。但总体来说，还是需要根据工作当前的进展和阶段，有针对性地召开对应的会议，只有这样才能让会议更有效率，也让工作推进得更加顺利。

四招快速集中注意力

程毅南

一、减少对工作的厌恶情绪

如果你是个喜欢挑战的人，就给自己制订一个精良的目标，把工作搞得稍微复杂点，但不要太复杂以至于你做不到。比如老板让你查一组数据，你就把目标定成“快速”和“精美”，数据不仅要全面正确，还要仔细排版，把涉及“比较”的东西都清晰地列出来，结构架设好，让老板一眼看出来端倪。

如果你是个不太喜欢挑战的人，就把任务拆分成小块，每一个小块都很简单，很容易做，然后一步一步做下去就行。

二、减少拖延的机会

远离互联网，远离电视，远离手机，把手机放到即使振动也听不见响的地方去。

挑一个稳定、整洁的工作地点，再把你工作的地方布置一下。比如办公室的格子间，让它整齐一点，这样你在这个地方工作的时候就能比较不受干扰。如果你还在上学，就在图书馆选择一个固定的位置。

顺便说下，不要在准备开始工作的时候才收拾办公桌上的东西。收拾东西理应是你每天见到这个桌子后的第一件事。比如你早上刚到公司，发现桌子乱，就先收拾一下，省得一会儿正式开始工作了再收桌子，本来连续的工作就被打断了。不过，可别在收拾桌子的时候找出来个小玩意又玩一天，这不就“悲剧”了嘛！

当你准备休息的时候，比如喝个咖啡、玩玩手机什么的，切记把这些东西拿离工作台再开始玩，玩完了之后也要保持工作台整齐。

养成习惯。固定地点、固定时间表。

最好把音乐关掉。如果可以，买一个隔音效果好的耳罩。

三、缩短工作的动机和行动之间的距离

将今天要做的事列在即时贴上，选大一点的贴纸，贴在电脑屏幕或书桌上可以看见的地方，做完一件事就划掉一个，养成这个习惯。

如果要做的计划有点大，就把它拆分一下分别记录。比如今天我要读半本书，那我拆成“第一章”“第二章”“第三章”等，一章一章读完，一个一个打钩。对这种体量明确的任务，也可以在边上写好数量，比如“第一章，30 页”，这样钩掉后会比较有成就感。

四、营造相互鼓励的氛围

如果有人跟你同时在做相似的东西（比如同学几个人一起做作业），或在同一个小组中完成同一任务的不同部分（比如一个工作组分别调查一个单位的几个不同部门），当你完成一部分工作后，可以在适当的时候（如课间、午休、喝咖啡、同组人的休息时间）与共事者一起讨论一下工作进程，互相交流一下经验、感受和困难，这样能建立一个比较好的相互鼓励的氛围。

当你周围的人意识到你是如此高效的时候，他们都会变得高效，然后还会不断督促你，这就形成了一种公司内部的良性循环。

对抗拖延症：抓住每一个念头

李多余

去年我的一个巨大收获是，逐渐掌握了拖延症的“脾气”，并且开始尝试主动对抗它了。

拖延症就像一个逐渐扩大的黑洞，如果不叫停，必然会把你整个生活都拖进去。

拖延症中期的具体表现为：不敢面对现实，对要做的事产生厌恶和畏惧的心情，抗拒一切相关的事物和行为，试图逃避。症状多发于拖延 5 ~ 10 天后，如不及时治疗，将有可能导致病情加重，形成拖延黑洞，造成生活大面积坍塌。（不想运动的时候，或许也伴随着不想控制饮食，不想早睡，也不早起，也不写作，也不赚钱，也不聚会，也不外出，到最后，甚至连脸都不想洗。

厨房堆着上礼拜煮面的锅，干脆就把厨房的门关上，连冰箱都不打开了……）

在我自己尝试过的所有对抗拖延症的方法中，这几个方法是切实有帮助的。

一、只要念头冒出来，现在，立刻，马上，去做

这是我今年学到的最有用的一个技能。

做一件事的动力是会“再而衰，三而竭”的。所以但凡你有个什么念头，比如运动、背单词、洗碗、写稿，就在第一时间跳起来去做。因为一旦错过了那个念头，第二次去做的难度就会加大，进而逐渐成倍递增，直到你最终彻底放弃，自我厌烦。

现在立刻去做。哪怕环境不是很完美，只做一点也能维持住这股热情。不用去健身房，可以去没人的楼梯间做五个深蹲；不用背着电脑去咖啡店，可以立刻打开备忘录写一百个字；不用找到“最高效、最实用”的英语学习课程，可以随便找一篇英文文章读完。

二、降低难度预设，拒绝“完美拖延症”

做比不做好，完成比完美重要。

这句话是我去年写下的朋友圈签名，很有用。

因为害怕一件事会做得不好，所以干脆就不做了，这种情况被我定义为“完美拖延症”。它比那些仅仅因为懒惰或者觉得麻烦所以拖延的情况还要糟糕，因为这会直接导致你对自己的负面评价，或是错误的自我认知。

比如“我肯定做不好”或者“我就是不想谈恋爱，想谈的话分分钟有帅气的小哥哥”这类“不做”的借口。

你没做怎么知道做不好？你是真的不想谈，还是害怕努力了也找不到才这样说？

坦诚点，勇敢点。做比不做好，完成比完美重要。

忘了是哪位作家说的一句话，哪怕你觉得那是“一坨狗屎”也必须把它写完，因为写完之后你就会发现，它其实并没有那么糟糕，甚至是一篇不错的东西。

三、设置一个 deadline

“今天我非得把这件事给办了，敷最贵的面膜、熬最晚的夜也在所不惜！”

设置一个 deadline，比如今天一定要做五十个仰卧起坐，一定要在周末写完一篇稿子，之后告诉自己“不见不散，不死不休”，一定要坚持做完为止。哪怕要晚睡，哪怕要早起。（实际上大部分事情，只要你少刷一会儿“抖音”“B 站”，或者少玩一会儿“吃鸡”“连连看”，就都够时间完成。）

当然了，完成的情况可以根据实际操作灵活变动。比如五十个仰卧起坐，可以不用每一个都非常标准呀；写完一篇稿子，可以只写 800 字呀。

还是那句话，完成比完美重要。

四、记住完成的感觉

为什么一定要完成?

说了半天，其实是因为，“完成一件事”的这种感觉，对一个患有拖延症的人来说非常非常重要。

它会告诉你：

完成一件事没想象的那么难；

关上手机去专注做事情的感觉其实也挺好的；

这件事情搞定了，下一件也没问题；

你不是一个懒惰又无能的人；

这一次随便做做也还不错，下一次再认真一点试试看，或许就会更好了。

这些，非常非常重要。

假设把一件事做得很完美的心理成就值是 100 分，只做一半，你的心理成就是 20 分，但是把它完成了，心理成就就会是 80 分。而拖延到事情变糟，心理成就则会跌至 −50 分。这中间的账是很好算的。

所以现在无论事情多棘手，我有多想逃避，我都尽量把它完成。

这个就是真正意义上的“过程比结果重要”。

提升自己每一分钟的价值

曾加

“要清楚自己的一分钟值多少钱，并努力去提升它。”

——这是我在踏上工作岗位以后的最大体会。

别小看这短短的一句话，它的内涵十分丰富，以至于即使我想写一篇很简略的文章，也要先列一个提纲才行：

【提纲】

一、你的时间比你想象中的更值钱

二、别不舍得花钱

1. “打的”不是有钱人才做的事情

2. 只有贵的衣服才值得你去挑选

3. 要住在公司附近

三、别不舍得花时间

1.“学习”不是为了挣钱，而是提升挣钱的“斜率”

2. 花时间去“交流”，它会加速你的进步

3.不要沉迷于“快钱”，它只是对你过去成绩的犒赏

四、别不舍得休息

1. 加班有时会阻碍你进步

2. 娱乐是有价值的

3. “健康”是最大的本钱

五、结语

【正文】

一、你的时间比你想象中的更值钱

据我观察，大部分人都低估了自己时间的价值。

举个例子，假如你是一个很普通的、刚毕业的本科生，找了一份朝九晚六的工作，一个月挣 8000 元。那你的 1 分钟值多少钱呢？

这是一道很容易解答的数学题。

朝九晚六，每天 9 小时，除去吃饭和午休，每天工作 8 小时，一个月大概有 21 个工作日，那么你每个月将工作 10080 分钟，于是你每分钟大概能挣 0.8 元。

1 分钟 0.8 元，听起来好像不是很多。那我换种说法，1 小时 48 元。

什么意思呢？就是说你每浪费掉 1 个小时，就差不多丢了 50 块钱。

想想你睡过的懒觉、刷过的没营养的网站，或者是和陌生人经历的无谓争吵……

是不是有点心疼了呢？

二、别不舍得花钱

小时候老师告诉我们，节俭是中华民族的传统美德。这固然不错，但很多人却把它理解成一味地节约。殊不知，当你在为自己省下一点点钱而沾沾自喜时，你却失去了挣更多钱的机会。

“打的”不是有钱人才做的事情。

举一个很简单的例子：你要去一个地方，可以坐公交（2元，需要30分钟）去，也可以叫网约车（15元，需要10分钟）去，都挺方便，那你会如何选择呢？

这个时候，你就需要在时间和金钱上做一个抉择了。

从表面上看，叫网约车花的钱是公交车的7.5倍，好像特别不划算。但如果你考虑了时间的因素，似乎就不太一样了：你叫网约车省下了20分钟，按照每分钟0.8元计算，你竟然省下了16元！虽然这16元并没有变成真正的钱，但你可以用这20分钟去做更有价值的事情，使它的价值达到你工作同样时长产生的价值，若如此，你叫网约车反而比坐公交划算3元！更何况，我们还没考虑舒适度的区别呢，如果考虑进去，差距只会更大。

是不是有些意外呢？

当然，这种情况不总是成立的。举个例子，你要从上海到北京，坐飞机和坐高铁，哪个更好？

从时间上来说，好像是坐飞机要短一些，但问题在于，大部分人乘坐的飞机经济舱空间有限，在飞机上，除了休息，我们很难腾出时间和空间来工作。而高铁上，我们倒是真的可以舒服地掏出电脑，或是打开书本，所以坐高铁多出的这几个小时，未必是完全浪费的。

具体情况，还需要具体分析。

只有贵的衣服才值得你去挑选。

很多人喜欢买衣服。为了一件衣服，花很长时间去挑选，折腾很长时间。但这常常是不值得的。

比如，你想花50元去买一件衣服，由于预算不够，符合心理价位的衣服总是会有这样那样的问题，你可能需要花很长时间去挑选，也许花了一个小时都不怎么满意。但你得知道，你的一小时值50元啊，为什么不索性直接去买一件100元的衣服呢？它很容易就能满足你的要求了。

我认为，只要你的工资不是特别低，便宜的衣服都应该尽快选定下来，只有贵的衣服才值得你去精挑细选。

再举一个例子，有些人为了等“双十一”降价，看上一件衣服一直不舍得买，在一个月内天天惦记。这往往也是不值得的，因为你惦记一件衣服的时间成本，长期来看也是很可观的哟！

要住在公司附近。

很多人把太多的时间浪费在路上了。

举个例子，有人为了让房租每月能便宜个500元，狠心租在了一个离公司很远的地方。每天上班要一个小时。

可是，1 天 2 小时在路上，就等于浪费了 96 元，一个月就是 2000 元左右。

每月为了省下 500 元的房租，浪费了 2000 元的时间成本，又是何必呢？

如果可以，上班路上花的时间不要超过半小时——除非公司在人烟稀少的远郊，或者你想通过跑步上班来锻炼身体。

三、别不舍得花时间

上一部分讲的是不要为了省钱而去浪费时间，这一部分将会讲：该花的时间，还是得花。

学习不是为了挣钱，而是提升挣钱的“斜率”。

很多人在工作后就不怎么学习了。

理由不外乎：工作太忙，生活琐事太多，学习在短期内并不会对工作有直接帮助，不如多工作呢。

但实际上，这可大错特错了。

学习从来都是长期投资。你现在可能每分钟值 0.8 元，如果不学习，只依赖工作的话，也许一年内你每分钟的价值能增长 0.1 元，但你多学习，掌握了更多和工作相关的知识，也许可以上升至每分钟增长 0.2 元。

是的，短期内看，学习也许还不如加班费值钱，但长期看呢？

所以我认为，无论你有多忙，都应该抽出时间来学习，它会是你未来的保障。

花时间去“交流”，它会加速你的进步。

无论工作有多忙，都应该花时间去和人交流，尤其是和业务方交流。

可以交流工作相关的内容，也可以只是闲聊。

工作相关的聊天对人的提升是非常大的。因为对方很可能做业务做了很长时间，有了很多经验，可能你几个月才想明白的问题，花上一小时和对方交流就能了解个大概。这简直是“火箭式的高效”。

闲聊也是有价值的。好处有三：

第一，它可以增进你和对方之间的感情，这对你们未来的合作大有裨益；

第二，你从闲谈中了解了对方的生活经历以及价值观，它们可以帮助你揣测他的喜好，以便未来能给他想要的东西，或是判断他是否有能力给你想要的东西；

第三，对方告诉你的东西，未来也可以成为你和其他人交流时的谈资。

不要沉迷于“快钱”，它只是对你过去成绩的犒赏。

有时候，我们会得到一些意外之财，比如：你写了一篇文章，被大杂志转载了，得了一大笔稿费。

如果你粉丝数上万，还会有人开高价，找你约稿。

算算单位时间的报酬，简直是爽呆了啊！有时你甚至想辞职去做职业写手了。

但越是这个时候，越是要有清醒的头脑。

要知道，他们之所以愿意给你这么多钱，是因为你过去取得的成绩。它不是你现在的真实价值，而是对你过去被低估的价值的一次犒赏。而你未来是否会得到更多的机会，取决于你现在是否在努力进步。

你现在的工作，虽然挣得不多，但它会给你带来更多提升能力、扩大视野的机会，获得提升之后，你的收入会更多。

但如果你现在沉迷在“快钱”中，你在单位时间创造的价值便很难有相应的提升。

因此，对在生活中常常出现的挣“快钱”的机会，一定要慎之又慎。

四、别不舍得休息

时间是金钱，需要用在刀刃上，而其中的一个刀刃，便是“休息”。

加班有时会阻碍你进步。

总有些人喜欢拼了命地去挣钱。为此，他努力加班，努力找兼职，希望能用好时间，挣很多很多钱。

但这真的能让他挣很多钱吗？未必。

一方面，一个人如果拼命加班，他在加班时间的效率几乎是一定会下降的，边际效益是低的；另一方面，如果一个人把所有闲暇时间都用来加班或者做兼职，放弃了学习新知，那他的信息来源就会相对单一，信息来源单一了，就容易缺乏多维度的深入思考，也就不容易进步，早早地就触碰到了个人增值空间的上限。

对单位时间的价值来说，当前值不那么重要，增长率才重要。

加班可以，要适度。

娱乐是有价值的。

娱乐不是浪费时间。适度的娱乐，是让你从另一个维度进步。

去打一次网球，去玩一次密室逃脱，去 KTV 唱歌，去沙滩晒一次日光浴……

这些娱乐，只要适度，都不是浪费时间。

一方面，这些娱乐让你得到了休息，心情愉悦，使你在未来的工作中更有动力；另一方面，它们让你学到了一些工作中学不到的东西，也结识了更多人，这会让你变成一个会玩的人、有趣的人。这将成为你的谈资，在未来也可以让你和其他人交流时更加如鱼得水。

“健康”是最大的本钱。

无论有多忙，都不要打破规律的作息习惯，也不要忘记锻炼身体。

因为，只有健康了，所谓的“单位时间价值”“火箭式的高效”“提升增长率”才有意义。没有健康，一切都是零。

早睡早起，控制饮食，多锻炼。

做到这些以后，再去提升自己。

五、结语

我写这篇文章，用了两个多小时，我十分清楚，它对我的价值，比平时工作两个多小时更高。

那你呢？你花了多长时间看这篇文章？它又为你提供了多少价值呢？

就读者中两个常见的疑问，我统一回答一下：

问：工作外的时间可能和工作时间一样值钱吗?

答：可能的。

实际上，就我自身而言，我在工作时间外的挣钱效率远高于工作之时，二者甚至可能存在数倍的差距。我之所以依然从事现在的工作，是因为从长期的角度看，我当前的工作可以产生更高的价值，它对我个人的提升也不是“外快”能够比拟的。

而对大部分人而言，只要有心，在工作外找到一份时薪不低于全职工作的兼职也绝非难事。

问：为什么你认为你写这篇文章产生的价值比你平时工作同等时间产生的更多?

答：有多方面的因素。简单概括，它的价值大致有：对自身经验的梳理（即使我不写文章，也有必要总结生活中的经验，写文章只是顺便的事情）、被转载后得到的转载费、文章本身带来关注度和影响力的增益效果、新增有价值的社交链等。而这些价值的总和是相当可观的。

FONGHONG
凤凰联动出品